Freuds Gespenster

Viktor Mazin

FREUDS GESPENSTER

Mit Illustrationen von Ivan Razumov

Aus dem Russischen von
Peter Deutschmann, Brigitte Obermayr
und Maria Rajer

Herausgegeben und mit einem Nachwort von
Wladimir Velminski

INHALT

VORWORT

Was empfindet ein Psychoanalytiker, wenn sein Buch in die Geburtssprache der Psychoanalyse übersetzt wird? Ich jedenfalls empfinde eine leichte Aufregung, nicht nur weil sich meine Gedanken, umgewandelt in die deutsche Sprache, an mir unbekannte Leser richten, sondern auch weil gleichsam Freuds Gespenst zu ihrem Adressaten wird. Ich weiß nicht, ob Gespenster Bücher lesen. Vermutlich nicht. Dazu sind sie ja Gespenster, um zu wissen ohne gelesen zu haben. Oder doch nicht. Es sind ja meine Gespenster! Ich bin es, der von ihnen besessen ist, und dass sie sich nun auf Deutsch an mich wenden, verändert mich. Und dafür bin ich ihnen, meinen mich schreibenden Lesern, unendlich dankbar.

St. Petersburg, 12. Oktober 2014

FREUDS GESPENSTER

1. Fortgetragen von Gespenstern

Die Anfänge der Psychoanalyse sind eng mit Sigmund Freuds Idee der psychischen Realität verbunden. Am 21. September 1897 schreibt Freud an Wilhelm Fließ, er sei nicht länger von seiner Theorie der frühen Verführung und von der Realität eines traumatischen Ereignisses überzeugt, da »es im Unbewussten ein Realitätszeichen nicht gibt, so dass man die Wahrheit und die mit Affekt besetzte Fiktion nicht unterscheiden kann.«[1] Damit schiebt Freud die Wirkung der für Philosophie und Wissenschaft grundlegenden Opposition von Wahrheit und Fiktion auf. Ist auch das Märchen nur Fiktion, enthält es Anzeichen der Realität; diese Andeutung des Realen

1 Freud, Sigmund: *Briefe an Wilhelm Fließ 1887-1904*, hg. v. Jeffrey M. Masson. Frankfurt a. M. 1986, 284.

ist eine Lektion vom Realitätsgespenst. Von nun an räumt Freud unbewussten Wünschen, Träumen und Phantasien Priorität in der Ätiologie der Neurosen ein. Von nun an »[verlangt] die psychische Realität [...] neben der praktischen Realität gewürdigt zu werden.«[2]

Wünsche, Träume und Phantasien sind Abweichungen vom Programm der »praktischen Realität«. Sie entführen *zeitweilig* in eine gespenstische Welt (im Unterschied zu Halluzinationen, die jenseits des Gesetzes der »praktischen Realität« führen). So entsteht die Psychoanalyse mit Freuds Hinwendung zu einer Welt des Gespenstischen. Diese Welt steht jedoch nicht in Opposition zu dem, was herkömmlich unter »Realität« verstanden wird. Freud bezeichnet dies als »praktische Realität« und genau das ist sie – praktisch, konventionell. Sie steht der psychischen Realität nicht gegenüber. Die praktische Realität ist um nichts realer als die psychische.

Wie kann man die psychische und die praktische Realität voneinander abgrenzen? Wie die praktische Realität in der psychischen ausmachen? Wie die psychische von der praktischen lösen?

Für die Vorstellung der Realität gilt: Die Realität ist die Vorstellung von der Realität. Samt all der ihr innewohnenden Gespenstern.

Die »psychische Realität« stellt in Derridas Begriffen gesprochen eine typische Unentscheidbarkeit [*indécidabilité*] dar. Einerseits ist sie *scheinbar* objektiv (ist sie doch immerhin die »Realität«), an-

2 Freud, Sigmund: »Zur Geschichte der psychoanalytischen Bewegung«, in: Ders.: *Selbstdarstellung. Schriften zur Geschichte der Psychoanalyse.* Frankfurt a. M. 1971, 154.

dererseits *immer schon* subjektiv (»psychisch«). Die psychische Realität lässt keine endgültige Entscheidung über sich zu. Die Unentscheidbarkeit erlaubt kein Verbleiben bei einer Lesart. Unterschiedliche, ja gar widersprüchliche Bedeutungen sind gleichermaßen möglich. In dieser Hinsicht resoniert Derridas Unentscheidbarkeit mit jener Relativität, die in Freuds Formel *der Möglichkeit des anderen Sinns* erklingt:

> [...] selbst wenn die Auflösung befriedigend und lückenlos erscheint, bleibt es doch immer möglich, daß sich noch ein anderer Sinn durch denselben Traum kundgibt.[3]

Die Möglichkeit verschiedener Deutungen liegt vor allem im Prinzip der vielfachen Determiniertheit begründet, oder wie Freud es nennt, der Überdeterminiertheit. Die Bedeutung eines psychischen Phänomens ist immer schon überdeterminiert, kann also nicht von der Wirkung einer einzigen Ursache bedingt sein. Die vielfache Ursächlichkeit schreibt den Bedeutungen das Verhältnis der Anwesenheit-Abwesenheit und das Spiel des Zurückstellens-Aufschiebens der Entscheidung vor. Die Deutung von Phänomenen der psychischen Realität gehört a priori einer Ordnung der Unentscheidbarkeit, einer Ordnung des Zurückstellens-Aufschiebens einer Entscheidung an. Jeder Entscheidung ist die Unentscheidbarkeit vorgeschrieben.

Derridas Texte sind durch vielerlei solcher Unentscheidbarkeiten gekennzeichnet, die die Unmög-

3 Freud, Sigmund: »Die Traumdeutung«, in: Ders.: GW II-III, Frankfurt a. M. 7. Aufl. 1987, 1-642, hier 285.

lichkeit der Feststellung eines klaren, eindeutigen, wahren Sinns eines Begriffs oder einer Aussage unter Beweis stellen. Die Unentscheidbarkeit entsteht dabei nicht so sehr durch lexikalischen Reichtum oder unbegrenzte Semantik, als vielmehr durch die formale, syntaktische Praxis, durch die gemeinsame Anordnung und Abfolge.

Hier ist man versucht, die Unentscheidbarkeiten der Dekonstruktion mit den Ambivalenzen der Psychoanalyse in Beziehung zu setzen. Doch Derrida kommt dieser Versuchung zuvor. In *Dissemination* heißt es:

> Die ›Unentscheidbarkeit‹ hängt hierbei nicht an irgendeiner rätselhaften Zweideutigkeit, an irgendeiner ›seinsgeschichtlichen‹ Zwiespältigkeit, am poetischen Mysterium des Wortes *Hymen*, an der unerschöpflichen Ambivalenz eines Wortes der ›natürlichen‹ Sprache und noch weniger an irgendeinem ›*Gegensinn der Urworte*‹ (Abel).[4]

Was ist das für ein »*Gegensinn der Urworte*«? Und wer ist Abel?

1910 wendet sich Freud einer Arbeit des Experten für ägyptische Philologie Karl Abel zu, die 1884 verfasst wurde und den Titel trägt. Über den *Gegensinn der Urworte*. Freud misst dieser Abhandlung so große Bedeutung bei, dass er etwas ihm eigentlich Wesensfremdes tut – er verfasst ein Referat zu dieser Arbeit und publiziert es im Jahrbuch der Psychoanalyse von 1910. So erscheint neben dem *Gegensinn der Urworte* Abels sein Freud'scher Doppelgänger. Abel ermöglicht Freud ein linguistisches

4 Derrida, Jacques: *Dissemination*. Wien 1995, 246.

Verständnis zweier Eigentümlichkeit des Traums: der sonderbaren Neigung der oneirischen Tätigkeit, von der Verneinung abzusehen, und der Tendenz, Gegensätzliches mit gleichen Darstellungsmitteln auszudrücken. Von Abel werden zwei damit korrespondierende Besonderheiten der Sprache im Alten Ägypten hervorgehoben. Zum einen, schreibt er, fänden sich in dieser Sprache zahlreiche Worte mit gegensätzlicher Bedeutung. Beispielsweise bedeute dasselbe Wort stark und schwach. Dasselbe Wort Licht und Dunkelheit. Zum anderen gäbe es Komposita, die zwei Glieder mit entgegengesetzten Bedeutungen in sich vereinten. Wie »fernnah«, »bindentrennen« oder »außeninnen«. Dabei ergäbe die Verbindung der zwei Worte kein neues, drittes Wort, wie es bei chinesischen Hieroglyphen geschieht, sondern sie bewahre die entgegengesetzten Bedeutungen.

Was ist der Grund für Freuds Interesse an Abel? Er vergleicht die ägyptische Schrift mit der Oneirographie. Mit Verweis auf Abel schreibt er 1913:

> [I]n der Traumsprache sind die Begriffe noch ambivalent, vereinigen in sich entgegengesetzte Bedeutungen, wie es nach den Annahmen der Sprachforscher bei den ältesten Wurzeln der historischen Sprachen der Fall gewesen ist.[5]

Zuvor präzisiert Freud, dass unter Sprache »nicht bloß der Ausdruck von Gedanken in Worten, sondern auch die Gebärdensprache und jede andere Art von Ausdruck seelischer Tätigkeit, wie die Schrift,

5 Freud, Sigmund: »Das Interesse an der Psychoanalyse«, in: Ders.: *Abriss der Psychoanalyse*. Frankfurt a. M. 1994, 168.

verstanden werden [muss].«[6] Die Traumsprache bietet Interpretationsspielräume. Die Oneirographie bedient sich unterschiedlicher Mittel, unter anderem auch der gegensätzlichen Bedeutung.

Die Lösung dieses Rätsels der Doppeldeutigkeiten besteht darin, dass der Ursprung der Begriffe im Akt des Vergleichens liegt. »Es ist offenbar«, zitiert Freud Abel, »alles auf diesem Planeten ist relativ und hat unabhängige Existenz, nur insofern es in seinen Beziehungen zu und von anderen Dingen unterschieden wird ...«[7] Wenn wir »fern« sagen, meinen wir »nah« etc. Dem Gesetz der binären Oppositionen zufolge setzt die Anwesenheit des einen die Abwesenheit des anderen voraus. Wobei die Anwesenheit *immer schon* von der Abwesenheit markiert, überschattet ist. In der Kraft verbirgt sich die Schwäche, sodass es letzten Endes weder Kraft noch Schwäche gibt und das Wort »in Wahrheit weder ›stark‹ noch ›schwach‹« bezeichnet, »sondern das Verhältnis zwischen beiden und den Unterschied beider«.[8] Das Wort enthält nicht die Bedeutung, sondern den *Unterschied* der Bedeutungen.

Das werfe die Frage auf, schreibt Abel, wie man seinem Gegenüber verständlich mache, welche Bedeutung gemeint sei. In der altägyptischen Schrift sei das Problem durch sogenannte determinative Bilder, die hinter die Buchstabenzeichen gesetzt wurden, gelöst worden. Beispielsweise würde für die Darstellung eines Starken neben das Wort *ken*

6 Ebd.

7 Freud, Sigmund: »Über den Gegensinn der Urworte«, in: Ders.: GW VIII. Frankfurt a. M. 9. Aufl. 1996, 217.

8 Ebd., 217.

eine Figur mit erhobener Hand platziert. In der gesprochenen Sprache, so Abels Vermutung, hätten die Ägypter ergänzende Gesten benutzt. Ein Mangel in der Schrift wird also durch das Bild ergänzt. Ein Mangel in der Sprache durch Gesten. Somit erlangen neben Phonogramm-Hieroglyphen (Zeichen für Laute) und Logogramm-Hieroglyphen (Zeichen für Worte) die Determinant-Hieroglyphen eine grundlegende, wortunterscheidende Bedeutung. Ein Buchstabe ist die reine Niederschrift eines Lautes. Die Schrift ermöglicht bei chinesischen wie bei sumerischen Aufzeichnungen die Unterscheidung von Homophonen, gleichklingenden sprachlichen Einheiten mit unterschiedlicher Bedeutung. Das Piktogramm dient dabei nicht zur Bezeichnung des repräsentierten Objektes, sondern zur Bezeichnung des anderen Objektes mit phonetisch identischem Namen. Eine rein phonetische Schrift existiere nicht, behauptet Derrida. Schrift sei immer schon verbunden mit identifizierenden schriftlichen Kennzeichen.

Es ist offensichtlich, dass Derrida, wenn er vom Fehlen einer Verbindung zwischen der Unentscheidbarkeit und dem *Gegensinn der Urworte* spricht, selbst auf diese Verbindung verweist. Er selbst zeugt davon, dass die Unentscheidbarkeit ein Pendeln zwischen den Möglichkeiten ist, ein Hinauszögern der Entscheidung, ein Aufschub der Wahl des *Entweder-oder*. Warum aber besteht Derrida dennoch darauf, dass die Unentscheidbarkeit nicht der »*Gegensinn der Urworte*« ist? Ein Grund scheint darin zu bestehen, dass nicht nur von Worten, sondern von Urworten, von doppeldeutigen *Anfängen* der

Textualität die Rede ist. Die Anfänge und Ursprünge – Urverdrängung, Urphantasie, Urszene – sind das Objekt der dekonstruktiven Kritik der Psychoanalyse. Allerdings werden bei Freud diese Ursprünge seinem eigenen (szientifischen) Wunsch zum Trotz aufgeschoben, verlegt, finden sich in der Unterscheidung. Ein Ursprung setzt einen anderen Ursprung voraus.

Derweil beweist Freud, dass die Logik des *Entweder-oder* des Wachzustandes nicht die einzige in der psychischen Realität ist. Zudem könne der Traum *Entweder-oder* »überhaupt nicht ausrücken; er pflegt die Glieder derselben wie gleichberechtigt in einen Zusammenhang aufzunehmen.«[9] Darin liegt auch Freuds Urlogik, seine Prälogik, seine Oneirologik begründet. Eine Oneirologik des *Sowohl-als-auch*, der das Prinzip der »Möglichkeit des anderen Sinns« eingeschrieben ist. Und diese findet Freud bei Abel wieder.

Diese Logik erhält einen Verschiebungsmechanismus aufrecht. Das Gleiten der Begriffe hört nicht auf, weder bei Freud noch bei Derrida. Anders als die neurotische Ambivalenz paralysiert die Unentscheidbarkeit das Handeln nicht, sondern entfaltet Begriffs- und Assoziationsserien. Diese Oneirostrategie missachtet gleichsam die Verbindungsregeln des Realitätsprinzips. Ein Beispiel für eine gespenstische dekonstruktive Serie: »*hospes, hostis, hostage, host, guest, ghost, holy ghost* und *Geist.*«[10] Durch diese Serie, die mit dem lateinischen Wort *hospes*

9 Freud: »Die Traumdeutung«, 320.

10 Derrida, Jacques: *Aporien. Sterben – Auf die »Grenzen der Wahrheit« gefaßt sein.* München 1998, 102.

beginnt, das zwei Bedeutungen trägt (des freundlich empfangenen Gastes, und des Herren, der diese Gastfreundlichkeit erweist), wird die gewohnte Rollenverteilung aufgelöst: das verfolgende Gespenst wird zum Gast, den es aus dem Haus des verfolgten Herren zu verabschieden Zeit geworden ist. Wer ist hier der Herr im Haus? Wer der Gast? Wen gilt es zu vertreiben?

Der Verschiebung der Signifikanten entlang des Weges der sogenannten freien Assoziationen wendet sich auch Freud zu. Auf diesem Weg begegnen ihm immerzu neue Gespenster. Die Kehrtwende zur Erforschung des Unbewussten, die Besessenheit von Gespenstern bedeutet jedoch eine Abkehr von der Wissenschaft. Derrida weist darauf hin, dass die Missachtung der Gespenster ein Differenzierungsmerkmal der Rationalität der Philosophie wie der Wissenschaft darstellt. Das Bestreben, die Gespenster loszuwerden, ist das Kennzeichen einer Metaphysik der Präsenz, die sich mit dem »Wahren«, dem »Hier und Jetzt« und dem »Anwesenden« befasst:

> Es hat nie einen *scholar* gegeben, der als solcher nicht an die scharfe Trennung von Realem und Nicht-Realem geglaubt hätte, von Faktischem und Nicht-Faktischem, Lebendem und Nicht-Lebendem, Sein und Nicht-Sein.[11]

Die Psychoanalyse beschäftigt sich im Gegensatz zu Philosophie und Wissenschaft mit der Auflösung

11 Derrida, Jacques: *Marx' Gespenster. Der Verschuldete Staat, die Trauerarbeit und die neue Internationale.* Frankfurt a. M. 1995, 29.

dieser Trennung. Die der psychischen Realität innewohnenden Gespenster sind das Objekt, genau genommen sogar das Subjekt der Psychoanalyse. Allerdings ist nicht nur die Psychoanalyse von Gespenstern besessen.

Die Logik des Spuks ist auch für die Dekonstruktion konstitutiv, das sie konsequent die Logik binärer Oppositionen auflöst. Solcher wie Herr und Gast, Anwesenheit und Abwesenheit, Sichtbares und Unsichtbares, Gefühltes und Begriffenes oder psychische und praktische Realität. Das Gespenst ist gleichzeitig hier *und* nicht hier, es ist sichtbar *und* unsichtbar, seine Anwesenheit ist spürbar, doch der Verstand sagt, dass es nicht existiert. Die Anwesenheit des Gespenstes ist notwendigerweise durch eine Spur der Abwesenheit markiert. Die Logik des Spuks »ist de facto eine dekonstruktive Logik. Sie ist das spukende Element, in dem die Dekonstruktion gastfreundlichste Aufnahme findet, im klopfenden Herzen der lebendigen Gegenwart, im lebendigsten Pulsieren des Philosophischen.«[12] Das Gespenstische besteht in der Nicht-Opposition von Realem und Irrealem, psychischer und praktischer Realität, Sein und Nichtsein.

Woher aber kommen die Gespenster? Woher kehren sie wieder? Warum verschwinden sie nicht ein für allemal?

12 Derrida, Jacques/ Stiegler, Bernard: *Echographien. Fernsehgespräche.* Wien 2007, 143.

2. Das Phantasma des Weges

Wie kann man die von Gespenstern bewohnte psychische Realität erkennen? Wie Wissen erlangen über das Unbewusste? Welche Wege führen dahin? Und wo ist dieses *dahin*?

Erinnern wir uns an eine Freuds bekanntester Thesen: »Die Traumdeutung aber ist die Via regia [der Königsweg] zur Kenntnis des Unbewußten im Seelenleben.«[13] In dieser Weisung wird oft ein Wort übersehen und behauptet, die Traumdeutung sei der Weg zum Unbewussten. Zwischen diesen zwei Aussagen besteht jedoch ein grundlegender Unterschied. Freud spricht nicht vom Weg ins Unbewusste, sondern vom Weg zur Kenntnis des Unbewussten. Es gibt keinen Weg *dahin*, wovon nicht in Begriffen der Präsenz gesprochen werden kann. Es gibt keine Wege zu einem *Fort*, das nicht *Da* genannt werden kann. Es gibt keine Wegbeschreibung zu einem unbestimmten Ziel.

1915 erläutert Freud diesen Kenntnisprozess vom Standpunkt der Übersetzung. Das Paradoxon besteht darin, dass eine Übersetzung möglich ist, aber das »Original« selbst, das »unbewusste Original«, das »Original des Unbewussten« dabei *stets* auf der anderen Seite der Darstellung verbleibt. Es ist immer schon *irgendwo*, fort, an einen unbekannten Ort. Die radikale Alterität dieser Szene, wie Freud sie nennt, lässt sich nicht beschreiben in Begriffen des *Da*, innerhalb der Grenzen des *Da-Seins*. Von der Szene des *Fort* kehren Oneirogespenster wieder, die von einem *Fort-Sein* zeugen. Vom Oneirodrom

13 Freud: »Die Traumdeutung«, 595.

des virtuellen *Fort-Seins* starten die Phantasmen. Aber nicht nur.

Phantasmen sind nicht weniger kentaurische Gebilde als die psychische Realität. Freud schreibt:

> Sie sind einerseits hochorganisiert, widerspruchsfrei, haben allen Erwerb des Systems *Bw* verwertet und würden sich für unser Urteil von den Bildungen dieses Systems kaum unterscheiden. Anderseits sind sie unbewußt und unfähig, bewußt zu werden. Sie gehören also qualitativ zum System *Vbw*, faktisch aber zum *Ubw*. Ihre Herkunft bleibt das für ihr Schicksal Entscheidende. Man muß sie mit den Mischlingen menschlicher Rassen vergleichen, die im großen und ganzen bereits den Weißen gleichen, ihre farbige Abkunft aber durch den einen oder anderen auffälligen Zug verraten und darum von der Gesellschaft ausgeschlossen bleiben und keines der Vorrechte der Weißen genießen.[14]

Das Phantasma ist ein in seiner Herkunft heterogenes Produkt; alle drei psychischen Instanzen sind an seiner Entstehung beteiligt. Die Identität des Phantasma ist eine gemischte, daher schließt der Weiße es zugunsten der Bewahrung der Reinheit seiner Rasse aus seiner Gesellschaft aus.

In der 23. Vorlesung zur Einführung in die Psychoanalyse (1916) vergleicht Freud das Reich der Phantasie mit einem Naturschutzpark, in dem das Prinzip der praktischen Realität außer Kraft ist und der Mensch die Freiheit von äußeren Zwängen genießt. Durch die Phantasie habe es der Mensch

14 Freud, Sigmund: »Das Unbewußte«, in: Ders.: *Das Ich und das Es. Metapsychologische Schriften*. Frankfurt a. M. 1992, 141 f.

»zustande gebracht, abwechselnd noch Lusttier zu sein und dann wieder ein verständiges Wesen.«[15] Diesmal verweist Freuds Metapher darauf, dass es dem Menschen nur als Tier, als eine Art biologische Maschine möglich ist, Lust zu gewinnen, als wäre die Lust am Phantasma ein dem Menschen eigener unmenschlicher Zug. Die Phantasie bewirkt einen Wechsel in der Seinsordnung des Menschen: von der verständigen Anwesenheit zur tierischen Lust, einer Lust jenseits der Dichotomie von Anwesenheit-Abwesenheit. Ist das etwa nicht menschlich, *allzu menschlich*?

Unter den Phantasien hebt Freud die Prä- oder Urphantasien hervor. Was versteht er darunter? Universalität. Jedoch, nicht ganz, sondern beinahe Universalität. Sich im Reich der Gespenster tastend voran bewegend ist Freud wie immer vorsichtig. Er behauptet nicht, dass die Urphantasien bei allen Menschen vorkämen, aber bei *fast* allen. Ihre Existenz begründet er mit der phylogenetischen Erbschaft, buchstäblich mit einem phylogenetischen Besitz. In der 23. Vorlesung heißt es, dass es durchaus möglich sei, dass alle Phantasien in Urzeiten der menschlichen Familie einmal Realität waren und »das phantasierende Kind die Lücken der individuellen Wahrheit mit prähistorischer Wahrheit ausgefüllt hat.«[16] Halten wir fest, erstens ist die Funktion der Phantasie die Ausfüllung von Lücken. Die individuelle Wahrheit ist nicht die ganze Wahrheit, sie muss noch mit einer gewissen prähistorischen

15 Freud, Sigmund: *Vorlesungen zur Einführung in die Psychoanalyse.* Frankfurt a. M. 1991, 355 f.

16 Ebd., 355.

Wahrheit vervollständigen werden. Das Phantasma versetzt und ersetzt diese Wahrheit, und mit ihr auch die (ausgeklammerte) praktische Realität. Das Phantasma bei Freud fungiert – in Derridas Begriffen – als ein Supplement [*supplément*], als Ergänzung *und* als Ersatz. Das Paradoxon besteht darin, dass das phantasierende Kind bei Freud die Lücken der subjektiven Wahrheit mit einer außersubjektiven Wahrheit ausfüllt. Das Phantasma kommt von Außen. Das Quasi-Innere kommt nicht umhin, sich durch ein Quasi-Äußeres zu ergänzen.

Zweitens ist das Phantasma, genauer gesagt das Urphantasma eine prähistorische Wahrheit, die die Lücken in der individuellen Wahrheit schließt. Damit nimmt Freud an, dass eine einst in der praktischen Realität vollzogene Handlung in den Besitz der psychischen Realität übergeht. Das Gespenst dessen, *was-sich-tatsächlich-ereignet-hat,* kehrt in das 1897 von ihm verlassene Gebiet von Freud zurück. Das wissenschaftlich-okkulte Gespenst lässt ihm keine Ruhe. Freud wird verfolgt, von einem Jung-Freud vielleicht, oder einem Lamarck-Freud, oder einem Haeckel-Freud. Das Urphantasma erscheint in der psychischen Realität, weil es schon einmal irgendwo *dagewesen ist*, weil es ererbt wurde. Allerdings ist der Vererbungsmechanismus dieser prähistorischen Wahrheit, wenn sie phylogenetisch übertragen wird, bis heute unbekannt. Die prähistorische Wahrheit kann aber auch noch vom Standpunkt eines anderen Freuds betrachtet werden: Die Urphantasien sind Phantasien, die nachträglich prähistorischen, also präödipalen Zeiten, zugordnet werden, Zeiten die der Subjektivierung, nicht aber der Erscheinung in der Welt vorausgehen. Die prähistorische Wahrheit erweist sich als eine nachhistorische Wahrheit. Sowohl im Sinne der historischen Nachwirkung als auch im Sinne der Postmoderne Lyotards und der Freud'schen Oneiro-Gegenwart. Das Gespenst der praktischen Realität verfolgt Freud, doch es ist nicht das Gespenst von *jemandem*, es ist das Gespenst von *noch* jemandem. Das Gespenst – das ist »jemand als jemand anderer«[17] [*quelqu'un comme quelqu'un d'autre*]; so gesehen ist das Gespenst kein Idol, kein Bild des Bildes, kein platonisches Phantasma als das Simulakrum von etwas anderem.

Bemerkenswert ist, dass auch der Begriff des Phantasma selbst, obwohl er eine grundlegende Position in der Psychoanalyse einnimmt, unentschieden bleibt. Derrida bezeichnet eine seiner Arbeiten, *Glas,* als eine »praktische Analyse« des Phantasma. In diesem Buch zeigt sich – sogar im Schriftbild – ein Aufeinanderprallen des »literarischen« Textes von Genette und des »philosophischen« Textes von Hegel. Das Phantasma dekonstruiert, wie auch das Phantom, die allgemeingültigen Oppositionen in der Philosophie. Hieran lässt sich auch das Anliegen der Dekonstruktion ablesen, in der Sprache der Philosophie zu beweisen, dass »das Philosophische das Phantasmatische« ist.[18] Vom Psychoanalytischen ganz zu schweigen. Und vom Psychischen. Angefangen bei sich selbst …

17 Derrida: *Marx' Gespenster*, 23.

18 Derrida, Jacques: *Auslassungspunkte.* Wien 1998, 34.

3. Auf der Leinwand des *Ich*

Das *eigene Ich* erscheint als ein Phantom, in Gestalt des *Ich selbst* [moi-même] *als jemand anderer* [comme quelqu'un d'autre]. Es erscheint in Gestalt eines betörenden, verlockenden, einnehmenden Phantoms. Doch ist dieses Phantom mein eigenes Phantom des Anderen [*fantôme d'autre*]. Ein Selbst des Anderen und ein anderes Selbst. Über diesen Besitz gilt es noch immer und immer wieder Herr zu werden. Bis zum Ende der Welt. Sobald dieser Besitz erscheint, beginnt er auch schon zu entgleiten und hinterlässt eine gespenstische Spur. Mein Gespenst verfolgt mich. Überall, wo mein eigenes *Ich* erscheint, tauchen die Gespenster auf. Es spukt [*ça hante*].

Das *Ich* sei vor allem ein körperliches, heißt es bei Freud, und in dieser Hinsicht oberflächlich. Doch ist es »nicht nur ein Oberflächenwesen, sondern selbst die Projektion einer Oberfläche«.[19] Das *Ich* ist eine Vorstellung. Das *Ich* ist eine Oberfläche. Das *Ich* ist die Projektion einer Oberfläche. Eine Projektion auf die Leinwand des Anderen. Es ist anzunehmen, dass diese Leinwand bewahrt wird wie die Leinwand der Träume. Sie ist die konservierte Erbschaft eines Bildes, möglicherweise einer Brust (B. Lewin), möglicherweise eines Gesichts (M. Khan). Dabei ist es natürlich unmöglich zu sagen, sie stelle selbst etwas dar. Wie man nicht sagen kann, dass sie sich selbst darstelle. Ähnlich einer Filmleinwand (mit einer

19 Freud, Sigmund: »Das Ich und das Es«, in: Ders.: *Das Ich und das Es. Metapsychologische Schriften*. Frankfurt a. M. 1992, 266.

solchen vergleicht sie auch Lewin, nachdem eine seiner Patientinnen das getan hat) präsentiert die Leinwand der Träume die Bilder gerade durch die eigene Unsichtbarkeit.[20]

Phantasmen, auch die von sich selbst, »werden auf die Leinwand dieses Phantoms projiziert (das heißt auf etwas Abwesendes, denn die Leinwand selbst ist phantasmatisch, wie das Fernsehen von morgen, das auf die Unterstützung durch den Bildschirm verzichten können und seine Bilder – bisweilen synthetische Bilder – direkt ins menschliche Auge projizieren wird wie den Ton des Telephons auf den Grund des Ohrs).«[21]

Die Leinwand der Träume ist durch keinen Rahmen begrenzt, sie ist die unsichtbare Projektion einer Oberfläche. Die Leinwand der Träume, die sich in der psychischen Realität entfaltet, die psychische Realität entfaltet, ist mehr eine Umgebung – wie die eines stereoskopischen Films – denn eine Fläche. Die Leinwand der Träume wandelt sich in einen grenzenlosen Raum des Traums.

Die Leinwand der Träume ist eine unsichtbare Oberfläche, auf die Vorstellungen projiziert werden. In der Wirklichkeit erhält sie ihre zweite Abwesenheit. Sie setzt ihre Wirkung in der Wirklichkeit fort. Und wird gleichsam doppelt abwesend. Das, was man sich vorstellt, wird projiziert »auf eine imaginäre Leinwand, dahin, wo es nichts zu sehen gibt.«[22] Das zu sehen, was es nicht gibt. Es dort zu sehen, wo

20 Vgl. Mazin, Viktor: »Ėkran snovidenij«, in: *Vestnik psichoanalisa*, Nr. 1. St. Petersburg 2000, 143-155.

21 Derrida, Jacques: *Marx' Gespenster*, 160.

22 Ebd., 162.

es nichts gibt. Es auf etwas zu sehen, das es nicht gibt. Das Gespenst im Gesetz zu sehen. Zu sehen, wie das Gesetz wiederkehrt in Gestalt eines Gespenstes.

4. Das unentscheidbare Gesetz des Über-Ich

Das Gesetz trifft ein zu Zeiten der Gesetzlosigkeit. Genauer gesagt: Die Zeiten kommen mit dem Gesetz. Es erscheint mit der gespenstischen Figur des Vaters. In seinem Bestreben, das Gespenstische zu verstehen, wendet sich Derrida dem bedeutendsten und bekanntesten der Gespenster zu – Hamlets Vater. Das Gespenst des Vaters erscheint Hamlet. Es verfolgt ihn.

Hamlet ist in Gedanken versunken. Er ist besessen von der Wahl: sein *oder* nicht sein. Es heißt, er sei nicht fähig, eine Entscheidung zu treffen. Er sei nicht fähig zu handeln. Doch Freuds Überlegungen nehmen einen anderen Weg: Hamlet ist kein hilfloser Neurotiker, er ist nicht nur fähig zu denken, sondern auch zu handeln. Kraftlos wird er lediglich vor »der Aufgabe, die der Geist seines Vaters ihm gestellt hat«[23]. Hamlet ist nicht einfach besessen vom Gespenst, es lähmt ihn in seinem Handeln. Das Gespenst des Vaters belehrt den Sohn und beraubt ihn der Möglichkeit zu handeln. Hamlet ist paralysiert vom obsessiven Gespenst. Grund dafür ist jene Unentscheidbarkeit, die dem introjizierten ödipalen Verhältnis entspringt: Du musst so sein wie der Vater, doch hast du kein Recht, so zu sein wie er. Warum kann Hamlet seinen Vater nicht rächen? Weil

23 Freud: »Die Traumdeutung«, 272.

er Rache üben müsste an dem, der *seinen* – ödipalen – *Platz* eingenommen hat. Er müsste Rache üben an sich selbst, dem anderen Selbst, dem Selbst-am-anderen-Ort. Darum nimmt der Hass die Form der Selbstanklage an.

In der Blindheit und Kraftlosigkeit angesichts der Macht des Gespenstes, angesichts des gespenstischen Gesetzes, offenbart sich das Wirken des Über-Ich, der überwachenden und strafenden Instanz des psychischen Apparats. Das Entstehen dieser dem Ich übergeordneten Instanz betrachtet Freud als ein Resultat der Wirkung zweier Faktoren, die er als biologische einstuft. Der eine ist die vollständige Abhängigkeit von den Eltern, hervorgerufen durch die anhaltende kindlich organische, biologische Hilflosigkeit. Der Andere ist der Ödipuskomplex.

Ist der Ödipuskomplex biologisch? Wird Freud wieder einmal vom Biogespenst gejagt? In welchem Zusammenhang taucht es auf? – Wieder im Zusammenhang mit der Vererbung!

Das Über-Ich, so Freud, ist das immer lebendige Zeichen der Eltern, ihr Gespenst, die Instanz, die die elterliche Stimme vorstellt. Sie »wird den Charakter des Vaters bewahren und je stärker der Ödipuskomplex war, je beschleunigter (unter dem Einfluss von Autorität, Religionslehre, Unterricht, Lektüre) seine Verdrängung erfolgte, desto strenger wird später das Über-Ich als Gewissen, vielleicht als unbewusstes Schuldgefühl über das Ich herrschen.«[24] Das Über-Ich ist das Erbe der ödipalen Beziehung, der Abhängigkeit von den Eltern, des Gehorsams gegenüber den instruierenden Stimmen. Freud weist auf

24 Freud, Sigmund: »Das Ich und das Es«, 273.

die unentscheidbare Ambivalenz dieser Instanz hin. Das Über-Ich ist nicht einfach eine Identifikation mit dem väterlichen Gesetz, es ist auch ein Abwehrmechanismus, wodurch eine double bind-Situation erzeugt wird, die zugleich die Erfüllung von Anforderungen und deren Ablehnung fordert. Das Über-Ich ist die Unentscheidbarkeit. Worin aber besteht hierbei die Biologizität der Vererbung?

Das Über-Ich wird ererbt. An dieser Stelle steht jedoch nicht die Frage nach der Entstehung irgendeiner losgelösten Instanz zur Disposition, sondern die nach der psychischen Realität und der psychischen Erbschaft. Es ist nicht verwunderlich, dass »die wichtigste Frage der Freud'schen Theorie die Frage der Vererbung ist.«[25] Alle drei Instanzen des psychischen Apparats stehen in einer Erbschaftsbeziehung. Zudem ist es die Erbschaft, die es nicht zulässt, diese drei Instanzen voneinander zu trennen, sie differenziert zu betrachten. Jede Instanz unterscheidet sich durch die beiden anderen. So »beherbergt das erbliche Es in sich die Reste ungezählt vieler Ich-Existenzen, und wenn das Ich sein Über-Ich aus dem Es schöpft, bringt es vielleicht nur ältere Ichgestaltungen wieder zum Vorschein, schafft ihnen eine Auferstehung.«[26] Wem gehören sie, diese »viele[n] Ich-Existenzen«? Auf welche Weise »schöpft« »das Ich sein Über-Ich aus dem Es«? Wie schafft es den älteren Ichgestaltungen eine Auferstehung? Gehen

25 Stiegler, Bernard: »Oružie mertvogo otca, ili nasledie i nasledovanie u Freida«, in: *Kabinet: Kartiny mira II*. St. Petersburg 2001. 24-38, hier 32.

26 Freud: »Das Ich und das Es«, 277.

die älteren Ichgestaltungen der Entstehung des Es voran oder werden sie nachträglich von der Instanz des Es zum Leben erweckt?

Das Über-Ich ist das Ich, allerdings hervorgeholt aus dem Es. Das Es ist das Ich, in Form von wiederkehrenden Gespenstern unzähliger Ichexistenzen. Das Ich ist das Über-Ich wiedergekehrt aus dem Es. Freud ist allerdings eingenommen von dem Gespenst der Biologizität, einem Phantom vom phylogenetischen Besitz:

> Die Abkunft von den ersten Objektbesetzungen des Es, also vom Ödipuskomplex, bedeutet aber für das Über-Ich noch mehr. Sie bringt es, wie wir bereits ausgeführt haben, in Beziehung zu den phylogenetischen Erwerbungen des Es und macht es zur Reinkarnation früherer Ichbildungen, die ihre Niederschläge im Es hinterlassen haben.[27]

Die Rätselhaftigkeit, man könnte auch sagen – die Unentscheidbarkeit dieser Stelle liegt auch hier in ihrer Heterogenität oder ihrer Polyvalenz. Freud wird verfolgt vom Geist der praktischen Realität. Er ist besessen von den Gespenstern Darwins, Lamarcks, Jungs und von unsichtbaren Hindus. Es scheint als versuche Freud jedes Mal, wenn sich die Frage nach dem »Woher« der Gespenster stellt, diese jenseits der Psychoanalyse zu lösen. Die Psychoanalyse ist streng. Die Gespenster kommen aus dem Außerhalb ihrer Grenzen. Sie sind auf der anderen Seite von ihr. Die Gespenster zeugen vom Geheimnis ihrer Entstehung.

27 Ebd., 285.

Im Erbe des Über-Ich wird die Stimme, der Diskurs, die Sprache ererbt. Aber nicht nur dies, sondern auch die Fähigkeit zu erben selbst:

> Wir erben die Sprache, um bezeugen zu können, daß wir Erben sind. Anders gesagt, wir erben die Möglichkeit zu erben. Die Tatsache, daß wir erben, ist kein Attribut oder Akzidenz, sondern unser Wesen, und dieses Wesen erben wir. Wir erben die Möglichkeit, von der Tatsache zu zeugen, daß wir erben; und diese Möglichkeit ist die Sprache.[28]

Das ist eine weitere Unentscheidbarkeit: Wir erben die Fähigkeit zu erben und das Gesetz in Sprache auszudrücken, das uns zu erben und zu bezeugen erlaubt. Nicht nur die Stimme, nicht nur den Logos, nicht nur das Wort, das Gehör, den Gehorsam, sondern auch den Blick zu erben und zu bezeugen. Den unsichtbaren überwachenden Blick aus der Vergangenheit. Den vorausgehenden Blick aus der Zukunft. Den Blick, der nicht nur einen anderen Wahrnehmungsmechanismus aufruft, sondern eine radikal andere Welt, einen völlig anderen Referenzpunkt für diese oder jene Erscheinung.

Der Erscheinung eines Gespenstes. Dessen, der unsterblich ist. Dessen, der gestorben ist, es aber nicht weiß. In seinem Aufsatz »Formulierungen über die zwei Prinzipien des psychischen Geschehens« spricht Freund von der *neurotischen Währung* und führt als Beispiel einen Traum an, in dem dem Träumenden der tote Vater erscheint. Vater und Sohn unterhalten sich wie sonst, doch dabei wird vom träumenden Sohn »äußerst schmerzlich

28 Derrida/ Stiegler: *Echographien*, 147.

empfunden, dass der Vater doch schon gestorben war und es nur nicht wusste.«[29] Der unbewusste Gedanke lautet dann:

> Es sei eine schmerzliche Erinnerung für ihn, daß er dem Vater den Tod (als Erlösung) wünschen mußte, als er noch lebte, und wie schrecklich, wenn der Vater dies geahnt hätte.[30]

Wie hätte er es ahnen können? Er hätte in der Lage sein müssen, Gedanken zu lesen. Allerdings ist die Verbindung zwischen Vater und Sohn nicht nur eine telepathische, sondern auch eine ökonomische. Der Sohn entrichtet eine Steuer auf das Über-Ich mit der neurotischen Währung. Lacan macht darauf aufmerksam, wie uns, und zwar »verbunden mit dem Pathos, das die Gestalt eines verstorbenen, hier als Geist auftretenden Vaters auszeichnet, [der Traum] de[n] Satz: [»]Er wusste nicht, dass er tot war.«[31] liefert. Er hätte es auch nicht wissen können – der Tod entzieht sich der Erkenntnis.[32] Das Gespenst des Vaters erscheint gerade deshalb im Traum, weil es nicht weiß, dass es tot ist. Der Traum des Sohnes hält diese Wahrheit vor ihm verborgen. Diese gespenstische Wahrheit – die Wahrheit über es selbst; die Wahrheit über ein Subjekt, dessen Exi-

29 Freud, Sigmund: »Formulierungen über zwei Prinzipien des psychischen Geschehens«, in: Ders.: GW VIII, 238.

30 Ebd.

31 Lacan, Jacques: »Subversion des Subjekts und Dialektik des Begehrens im Freudschen Unbewußten«, in: Ders.: *Schriften II*. Olten/Freiburg i. B. 1973-1980, 176.

32 Vgl. Lacan, Jacques: *Livre XVII. L'envers de la psychanalyse*. Paris 1991, 142.

stenz bewahrt wird durch die Unkenntnis über es selbst; mit der Währung der neurotischen Schuld; »indem der Tod die Existenz aufrechterhält«,[33] der aus der Vergangenheit die Zukunft verfolgt.

5. Erscheinungen der Zukunft gehen um

Ein weiterer, wie Derrida deutlich macht, zeitlicher Aspekt der Erbschaft des Über-Ich ist, dass der, der ich *und* nicht-ich ist, der, der mich beobachtet, *vor* mir entstand, mir vorausgeht. Der, der auf mich schaut, ist vor mir. Er geht mir voran.

> Deshalb bin ich in der Heteronomie. Das bedeutet nicht, daß ich unfrei wäre; im Gegenteil, sie ist eine Bedingung von Freiheit, wenn ich so sagen darf: Meine Freiheit taucht unter der Bedingung dieser Verantwortlichkeit auf, die aus der Heteronomie gegenüber dem Anderen [*au regard de l'autre*] unter dem Blick des Anderen [*sous le regard de l'autre*] erwächst. Dieser Blick ist das Gespenstische selbst.[34]

Das ist nicht mehr der narzisstische Blick des Lacan'schen Spiegelstadiums. Dieser Blick ist asymmetrisch. Er blickt aus der Zukunft.

Gespenster kehren aus der Vergangenheit wieder. Die Antizipation setzt ihre Wiederkehr aus der Zukunft voraus. Heraus ergibt sich eine der Fragen, die Derrida beschäftigt: Ist es einem Gespenst überhaupt

33 Lacan, Jacques: »Subversion des Subjekts und Dialektik des Begehrens im Freudschen Unbewußten«, 176.

34 Derrida, Jacques/ Stiegler, Bernard: *Echographien. Fernsehgespräche*, 137.

möglich, in der Gegenwart zu erscheinen? Oder erscheint es immer entweder aus der Vergangenheit oder der Zukunft? Doch »[b]evor man wissen kann, ob es einen Unterschied gibt zwischen dem Gespenst der Vergangenheit und dem Gespenst der Zukunft, der vergangenen Gegenwart und der zukünftigen Gegenwart, muß man sich vielleicht fragen, ob der *Spektral-Effekt* oder die *Wirkung des Gespenstigen* nicht darin besteht, diese Opposition, wenn nicht gar diese Dialektik zwischen der effektiven Präsenz und ihrem anderen außer Kraft zu setzen.«[35] Eine Antizipation ist insofern nicht möglich, als unabhängig davon, was und wie wir erahnen, jede von uns getroffene Entscheidung immer schon eine Verletzung der Grenzen der Antizipation bedeutet.

Indes haben die Zukunft und das Gespenst etwas gemeinsam – ihre Nichtexistenz. Daraus ergibt sich eine reichlich unerwartete Formel: Wer nicht an die Existenz von Gespenstern glaubt, der glaubt nicht an die Zukunft. Indem wir Aktuelles und Virtuelles einander entgegensetzen und so die ontologische Opposition existent-gespenstisch aufrechterhalten, verschließen wir vor uns die Zukunft. Unser Wissen um den Unterschied zwischen dem Aktuellen und dem Virtuellen erlaubt uns, Prognosen über die Zukunft zu treffen, einen Erwartungshorizont zu konstruieren. Die Dekonstruktion ist für Derrida ein Projekt, das auf den Erhalt einer radikalen Offenheit gegenüber der Zukunft gerichtet ist. Die Zukunft muss sich ereignen. Der dekonstruktive Ansatz besteht darin, Ereignisse und die Anderen nicht innerhalb der Grenzen des Aktuellen, des Ak-

35 Derrida: *Marx' Gespenster*, 70.

tualisierbaren, des Aktualisierten zu denken, sondern in Begriffen des Ankommenden (*arrivant*), des Aktuellvirtuellen, des kommenden *Gespenstes*. Dieses Ankommende, dieses Gespenst muss das völlig Andere sein, »auch dasjenige, was man nicht kommen sieht, was man erwartet, ohne darauf zu warten, ohne Erwartungshorizont. Antizipieren können, heißt, den Tod kommen sehen, doch den Tod kommen sehen, heißt, bereits in seinem Schatten stehen, bereits dabei sein, den Tod abzuarbeiten, abzumildern, zu tilgen [*amortir la mort*], so sehr, daß das Ereignis sich nicht mehr ereignen kann.«[36] Jeder einzelne Fall in der Psychoanalyse setzt eine solche Offenheit voraus. Eine Analyse ist die Offenheit zur Durchführung der Analyse. Eine Analyse ist die Gastfreundlichkeit bezüglich der Durchführung der Analyse. Sie ist die Anerkennung des Rechts des Gespenstes auf Eigentum.

In *Die Frage der Laienanalyse* spricht Freud von einer Regel der Erwartung, die man auch als eine Regel der Aufrechterhaltung der Unentscheidbarkeit interpretieren könnte. Eine Deutung werde so oder so zum Analytiker kommen. Wichtig sei es und zu verstehen, dass mit *dieser* immer schon eine *andere* Deutung zum Analytiker kommt. Freud spricht von der Regel für den Analytiker als einem Gesetz der Erwartung:

> Die Vorschrift ist zu warten, bis er sich diesem so weit angenähert hat, daß er unter der Anleitung Ihres Deutungsvorschlages nur noch wenige Schritte zu machen braucht.[37]

36 Derrida/ Stiegler: *Echographien*, 123.

37 Freud, Sigmund: »Die Frage der Laienanalyse«, in: Ders.: *Ab-*

Das Paradox besteht hierbei in der Anleitung, in der Anweisung, die durch die unaussprechbare, unentscheidbare Deutung, die Deutung-in-Erwartung-des-Unerwarteten verwirklicht wird. Die vorschlagbare Deutung wird nicht vorgeschlagen. Sie ist in Reserve. Sie ist in unablässiger Erwartung.

Die Unentscheidbarkeit der Erwartung ist hier ganz offenbar keine Paralyse. Sie lässt nicht auf der Stelle erstarren. Sie belegt nicht mit einem Bann. Das Gespenst der Unentscheidbarkeit verfolgt eine jede Entscheidung und lässt sie nicht zur Anwesenheit kommen. Die Entscheidung verstellt die Zukunft; die Unentscheidbarkeit erhält die Möglichkeit der einen *und* der anderen Deutung. Hier handelt es sich ganz offenbar um die Unentscheidbarkeit Derridas und nicht um Freuds Ambivalenz.

Die vom Analytiker vorgeschlagene Konstruktion kann falsch, kann aber auch wahr sein. Diesen Status erlangt sie nur *nachträglich*. Der Status der Wahrheit ist eine Sache der aufgeschobenen Zukunft. Und nie ohne Subjektivität. Der Status der Deutung ist der der Annahme, der Wahrscheinlichkeit, der Möglichkeit in der Erwartung des Unerwarteten. In der Erwartung, der Gespenster innewohnen. In Erwartung der Geister. Im Ingangsetzen der Trauerarbeit.

6. Trauerarbeit um die Untoten

Trauer ist unvermeidlich im Leben. Trauer ist unvermeidlich in *dieser* Welt der Gespenster *jener* Welt.

riß der Psychoanalyse. Frankfurt a. M. 1994, 234.

Das Gespenstige setzt immer schon eine unsichtbare Verbindung mit den Toten voraus, genauer gesagt – mit den Nichtlebenden.

> Daß die Toten nicht mehr existieren, bedeutet nicht, daß man damit die Gespenster los wäre. Im Gegenteil, Trauer und Spuk beginnen mit dem Tod, sogar schon vor dem Tod, angesichts der bloßen Möglichkeit des Todes, das heißt der Spur, die als unmittelbares Über-leben […] erscheint.[38]

Es ist unvermeidlich, dass in der psychischen Realität Trauerarbeit erfolgt.

Die Trauer besteht in der Differenzierung, in der unterscheidenden Bewegung zwischen den Lebenden und den Toten. Sie ist der »Versuch, Überreste zu ontologisieren, sie gegenwärtig zu machen, vor allem darin die sterbliche Hülle zu *identifizieren* und die Toten zu *lokalisieren*.«[39] Die Ontologisierung soll beruhigen, zur Ruhe betten. Die Gespenster sollen ihren Platz kennen, doch das ist ihnen nicht möglich. Sie haben keinen Platz. Die Lebenden müssen das Gespenst sowohl identifizieren, als auch lokalisieren, sie müssen verstehen, wer es ist und wo es sich befindet, wenngleich sie das nicht können. Dem ständigen Wiederkehren der lebenden Toten muss Einhalt geboten werden. Doch leider hören sie nicht auf wiederzukehren. Es scheint, sie kennen sich nicht. Es scheint, sie kennen ihren Platz nicht. Wer sind sie, diese Ruhelosen, und woher kommen sie?

Wenden wir uns von dem Gespenstischen in der Realität der Psychoanalyse ab und der gespensti-

38 Derrida/ Stiegler: *Echographien*, 148.

39 Derrida: *Marx' Gespenster*, 26.

schen Filmkunst zu. In George Romeros Film *Die Nacht der lebenden Toten* (1968), der den Grundstein für ein neues Genre, für eine neue Reihe von Wiederholungen, von Zombie-Remixes und Horror-Remakes legte, heißt es: »Die nicht beerdigten Toten kehren zurück ins Leben.« Dieser Film markiert nicht nur das Erscheinen der Gespenster im Film (die schon mit dem Erscheinen des Films selbst erschienen waren und die gespenstische Existenz der Filmkunst von aller Anfang an mit Nosferatu-, Phantom- und Fantômasfiguren verdoppelten), sondern das Erscheinen eines der unheimlichsten Phantasmen der westlichen Welt – des Phantasma des ins Leben wiederkehrenden Toten, der Wiederkehr eines für immer Fortgegangenen.

Was lässt die Geister [*revenants*] wiederkehren [*revenir*]? So eine Wiederkehr nennt Freud die *unheimliche* Wiederkehr des Verdrängten. So eine Wiederkehr nennt Lacan die Wiederkehr des *Realen*. So eine Widerkehr benennt Derrida mit *es spukt*.

Wenn sie zum ersten Mal auf zum Leben erwachte Tote treffen, wissen die Lebenden noch nicht, wie sie sie nennen sollen, sie sagen »these things«, sprechen von irgendwelchen Dingen, als wären sie nichtlebendig. Diese *Dinge* können nicht benannt werden. Sie können ihren Platz in der symbolischen Welt nicht einnehmen. Sie sind nicht eingetragen in das Buch des Lebens. Sie sind der unüberwindbare Rest, die unauslöschliche Abweichung vom Leben. Diese Dinge stellen den Lebenden eine Rechnung aus.

Was unterscheidet die Lebenden von den Nichtlebenden? Genauer gesagt, von den bereits Untoten, von denen, denen es nicht gelungen ist, die letzte Ruhe zu finden, von denen, die wiedergekehrt sind in die Welt der Lebenden, von den zum Leben erwachten Nichtlebenden. Die Bereits-Untoten sind vor die Noch-nicht-Toten getreten. Die Weder-Lebenden-noch-Toten, diese Bereits-Untoten verschlingen den Leib der Noch-nicht-Toten. Aus irgendeinem Grund brauchen sie Nahrung, aus irgendeinem Grund müssen sie ihre Opfer verzehren, sie inkorporieren. Nicht um des Lebens willen. Aber für den Tod. Das Verschlingen verstärkt den Effekt der Körperlichkeit, spitzt den leiblichen Effekt des jenseitigen Realen bis zum Unheimlichen zu.

Die Untoten verschlingen die sogenannten Lebenden nicht nur, sie machen Jagd auf sie. Sie bewegen sich. Unbeholfen, nicht einmal schlafwandelnd, sondern gleichsam mit einem Ziel *und* ohne, mit einem verschobenen, doch ganz bestimmten Ziel. Das einzige, das sie von den lebenden Untoten unterscheidet, ist ihr Knurren, ihr Brüllen. Sie klingen unartikuliert. Sie sind, mit Lacan gesprochen, nicht fähig zur Skandierung. Der Körper der Weder-Lebenden-noch-Toten lebt. Aber sie haben keine Sprache, kein Bewusstsein, so wie sie nichts haben, das ihre lebendige Präsenz [*présence vivante*] markieren könnte. Diese Dinge empfinden entweder einen Mangel oder einen Überfluss an Existenz.

Die Untoten erwecken einen unheimlichen Eindruck. Wie könnte es auch anders sein, gibt es doch »kein *Dasein* des Gespensts, aber es gibt auch kein *Dasein* ohne die beunruhigende Fremdheit, ohne die befremdende Vertrautheit (*Unheimlichkeit*) irgendeines Gespensts.«[40] Das Unheimlichste liegt in der eigenen Unentscheidbarkeit des Nahen *und* Fernen, des Bekannten *und* Unbekannten, des Eigenen *und* Fremden, des Verborgenen *und* Offenbaren, und nicht nur – wie Jentsch behauptet – des Lebenden *und* Toten. Das Unheimliche wird nicht durch die Unmöglichkeit der Unterscheidung des Lebenden und Toten hervorgerufen. Es wird initiiert durch die Wiederkehr des Verdrängten, des *eigenen Anderen*. Das Unheimliche, schreibt Freud mit Verweis auf Schelling, sei »was ein Geheimnis, im Verborgenen bleiben sollte und hervorgetreten ist.«[41] Das Unheimliche kehrt mit den Gespenstern der Romantik zu Freud zurück. Das Unheimliche ist das sich zu erkennen gebende Geheimnis. Das nicht mehr Geheime, aber auch noch nicht Offenbare. Das, was sich enthüllt hat, aber nicht anerkannt wurde. *Es spukt* [*ça hante*]. Das Unheimliche liegt aber nicht nur, und nicht vorrangig in der Unentscheidbarkeit seines Status, als vielmehr in der Selbstexpropriation und der Aneignung des Anderen; in dem telepathischen Effekt, fremde Gedanken zu lesen und eigene Gedanken auf Entfernung zu suggerieren, sowie der ständigen Wiederkehr von ein und demselben unter dem Anschein von etwas anderem. Dies führt dazu, »dass man an seinem Ich irre wird oder das fremde Ich an die Stelle des eigenen versetzt, also

40 Ebd., 162.

41 Freud, Sigmund: »Das Unheimliche«, in: Ders.: *Der Moses des Michelangelo. Schriften über Kunst und Künstler.* Frankfurt a. M. 1993, 143.

Ich-Verdopplung, Ich-Teilung, Ich-Vertauschung.«[42] Gespenster erscheinen in der Selbstverdopplung, in der Aufspaltung des Selbst in mehrere Teile, im Wechsel des Selbst gegen einen Anderen. Gespenster erscheinen aus den inkorporierten Gräbern des eigenen Friedhofs, dem Friedhof des Eigenen, aus dem Ich als einem »Friedhofswärter«.[43]

Doch die Toten lassen sich nicht bestatten. Etwas stimmt nicht mit dem Ritual. Etwas lässt sie nicht zur Ruhe kommen. Die Trauarbeit stellt sich als unendlich heraus. Sie ist unabschließbar. Darum schreibt Derrida auch, »daß die Trauerarbeit keine Arbeit unter anderen ist. Sie ist die Arbeit selbst, die Arbeit im allgemeinen, ein Zug, anhand dessen man vielleicht den Begriff der Produktion selbst neu überdenken sollte – in dem, was ihn ans Trauma, an die Trauer, an die idealisierende Iterabilität der Exappropriation bindet und damit an die gespenstig-spektrale Spiritualisierung, die in jeder *techne* am Werk ist.«[44]

Die Trauerarbeit geschieht in permanenter Verlegenheit, in beständiger Verlagerung im Verhältnis zu den Fragen nach dem *Wer* und *Wo*. Wer ist es? Wo ist es? Diese beiden Fragen sind unmittelbar verbunden mit der Trauerarbeit und der Arbeit der Melancholie. Die Grenze zwischen den beiden, zwischen Trauer und Melancholie ist eine Grenze

42 Ebd., 154.

43 Derrida, Jacques: »FORS. Die Winkelwörter von Nicolas Abraham und Maria Torok«, in: Abraham, Nicolas/ Torok, Maria: *Kryptonymie. Das Verbarium des Wolfsmanns*. Berlin 1979, 5-58, hier 40.

44 Derrida: *Marx' Gespenster*, 157.

zwischen Inkorporation und Introjektion. Zwischen gelungener Trauerarbeit und deren Scheitern.

Nicolas Abraham und Maria Torok folgend verweist Derrida in seinem Vorwort zu dem Buch, in dem sie sich dem Verbarium des Wolfsmannes widmen, auf den Unterschied zwischen der introjektiven, sozusagen der »normalen« und der inkorporativen, also der »pathologischen« Trauer. Das Augenmerk liegt auf der Gegenüberstellung von dem »introjektive[n] Einschließungsprozeß und dem Phantasma der Einverleibung, der kryptischen Struktur der einverleibenden Einschließung.«[45] Die Krypta verwandelt das Objekt »in eine Art ›falsches Unbewußtes‹, ein ›artifizielles Unbewußtes‹, *placiert* wie eine Prothese, ein Pfropfen im Herzen eines Organs, im *gespaltenen Ich.*«[46] Die im *eigenen Ich* inkorporierte Krypta ist nicht dasselbe wie das verdrängte Unbewusste. Diese beiden Topoi bilden zwei komplementäre, aber nicht kongruente Modelle des Unbewussten. Die Gespenster des eigenen *Ich* liegen in der Ich-Verdopplung, Ich-Teilung und Ich-Vertauschung. Die inkorporierte, d.h. melancholische Trauer bewahrt den Anderen als »anderen«, als einen Fremdkörper in der »eigenen« psychischen Realität. Solch ein Bewahren setzt das sich Zueigenmachen des Fremden einerseits und die Unmöglichkeit dieser Aneignung andererseits voraus. Die melancholische Trauer ist die Achtung vor der Abwesenheit (des Todes) des Snderen.

Wie soll man sich selbst aus dem Anderen expro-

45 Derrida: »FORS. Die Winkelwörter von Nicolas Abraham und Maria Torok«, 40.

46 Ebd., 8.

priieren? Wie über die Phantasmatik des souveränen Selbst Herr werden? Wie diese Phantasmatik des Anderen in sich [*l'autre en soi*] lösen? Wie umgehen mit sich selbst, mit der Heterogenität des eigenen Selbst? Was tun mit der Krypta als verschlossenem Oneirodrom? Wie verfahren mit all den »eigenen« Krypten, den Fremden in einen, und den »heterokryptischen Phantom[en] […], [die], gemäß einem Gesetz, welches man das einer *anderen Generation* nennen könnte, aus dem *Unbewußten* des Anderen *wiederkehr*[*en*].«[47]

Das Gespenst ist das Echo der Inkorporation. Das Gespenst ist eine Inkarnation. Es ist eine Vorstellung, die einen Leib erlangt hat; eine paradoxe Inkarnation, eine Verleiblichung eines »*anderen, artifiziellen*« und »*prothetischen Leib*[*es*]«.[48] In diesem technischen Leib, einem Technoleib, läuft immer schon das Programm der Melancholie, das Programm des Todes. Der »eigene« lebende Körper erzeugt phantasmatische Projektionen, »ideale Prothesen«. In der fleischlichen Erscheinung besteht laut Derrida der Unterschied zwischen einem Gespenst und einem Geist.

Das Gespenst hat seinen Ursprung in mir. Es ergänzt etwas, vertritt ein abwesendes Objekt und ist in dieser Hinsicht dem Fetisch homolog. Eben deshalb heißt es bei Derrida, dass »die Frage des Fetischismus […] ebenso wie die der Ideologie im Mittelpunkt der Debatte über das Gespenstische [steht].«[49] Die Inkarnation des Gespenstes, der von ihm ausge-

47 Ebd., 34.

48 Derrida: *Marx' Gespenster*, 200.

49 Derrida/ Stiegler: *Echographien*, 142.

liehene Körper ist ein Anzeichen des Fetischs. Hinzu kommt, dass das Gespenst, wie auch der Fetisch, eine Vorstellung ist, die als Resultat einer Verleugnung entsteht. Etwas ist sichtbar kraft des Unwillens, etwas anderes zu sehen oder der Unmöglichkeit, nichts zu sehen, genauer gesagt – das Nichts zu sehen. Die Spur dieses Unwillens ist die Abweichung. Doch es ist nicht klar, bis zu welchem Grad man ausweichen kann. Und kann man es überhaupt? Kann man dem Gesetz entfliehen? Kann man dem Phallus endgültig entkommen? Oder ist Selbstausweichung das Resultat der Wirkung des Gesetzes? Vom Phallus zum Fetisch? Kann man denn über das Gespenst Herr werden? Nein, ihm auszuweichen ist unmöglich und ein Kampf ist vergebens, eben der Gespenstigkeit des Gesetzes wegen. Was nützt es, gegen den Phallus zu kämpfen, wenn – wie Lacan sagt – sogar der reale Phallus ein Gespenst ist.

Dabei kehren die Gespenster nicht nur für die Wiederherstellung des Gesetzes wieder, sondern auch um die Leere eines Verlusts auszufüllen. »Es ist niemand unersetzlich. Sieh', nur *Revenants*; alles was man verloren hat, kommt wieder.«[50] Sieh, nur Geister. Freud schreibt das Wort Geister auf Französisch. Als wollte er die Fremdheit des Gespenstes markieren. Das Gespenst kehrt verleiblicht wieder. Das Gespenst kehrt im Anderen wieder. In einer anderen Generation. Im Gesetz der Vererbung. In den Eltern und Kindern. In ihren Namen.

Freud schreibt über die Namen der Nachkommen: Ihre Eigennamen sind nicht ihr Eigentum, sondern die Erinnerung an nahestehende Personen,

50 Freud: »Die Traumdeutung«, 480.

die Kinder tragen die Namen anderer Verwandter; sie ermöglichen einen Zugang zur Unsterblichkeit. Die Geister sind dem Tod nicht untertan. Auch dem Leben nicht. Eigennamen verwandeln Kinder *immer schon* in unsterbliche Geister. Freud benutzt erneut das französische Wort, diesmal in Anführungszeichen: »Ihre Namen machen die Kinder zu ›Revenants‹.«[51] Das Gespenst ist immer schon im Kind. Es ruht in der Identifikation mit dem nichteigenen Eigennamen.

Der Andere verlieh seinen Namen. Er wacht darüber, wie das Kind ihn trägt. Ob es seines Namens würdig ist. Der Andere beobachtet.

7. Die Wissenschaft von der Gespensterbesessenheit

Derrida bezeichnet diese Erscheinung als Visier-Effekt [*effet de visière*]: Das Gespenst sieht uns, betrachtet uns, wir aber sehen es nicht. Das Gespenst ist nicht das Objekt unserer Anschauung; nicht der, dessen Wiederkehr wir beobachten. Das Gespenst lässt uns fühlen, dass uns jemand beobachtet, dass wir unter Aufsicht stehen. Es nimmt den Platz des Gesetzes ein. Den Ort, der keinen Ort hat. Wir finden uns vor dem Angesicht des Gesetzes wieder, ohne einen Austausch der Blicke, ohne Symmetrie vor dem Gesetz. Vor dem Gesetz des Todes. Dem Tod als dem radikal Anderen, unsichtbar und eine Antwort schuldig bleibend. Man kann die Augen schließen. Nur hilft bei einem Gespenst auch das Augenschließen nicht. Wie es in einem Lied heißt:

51 Ebd., 481.

Let me be your favorite nightmare.
Close your eyes and I'll be right there.[52]

Der Blick beobachtet. Ein Blick von außen. Ein äußerer Blick, der sich zu einem inneren Blick wandelt. Ein Blick, »der sich beim Übergang ins Innere verdoppelt, setzt seine Trennung vom Objekt voraus.«[53] Ein Blick ohne Blickobjekt. Ein Blick der vom Objekt gelöst wurde. Ein Blick, »der die Chance bietet, frei zu sein, nicht durch jemand anderen, sondern durch ›sich selbst‹, der die Chance bietet, seinen eigenen Tod zu sterben.«[54] Dieses Zurückhalten vom Blick setzt sowohl eine Reorganisation des Inneren und Äußeren, als auch eine zeitliche Verspätung, und Konservierung voraus. Darum schreibt Major, dass sich nach der Lektüre Derridas die Zurückhaltung »als der zentrale Begriff der Psychoanalyse«[55] erweist. Es bleibt bloß hinzuzufügen, dass es keinen »zentralen« Begriff in der Psychoanalyse geben kann, sogar nicht – und vor allem nicht – den der Verdrängung, die Freud als den Grundstein der Psychoanalyse bezeichnete. Der »zentrale« Begriff löst seine mögliche Zentralität durch die Verspätung in der Zeit und die Unbestimmtheit im Raum auf.

Der Blick mit Verspätung. Der inneräußere, verfolgende Blick.

Die Disziplin, der die Psychoanalyse angehört, oder der sie zumindest verwandt ist, bezeichnet

52 Mos Def, »The Boogie Man Song«, 2004 Geffen Rec.

53 Major, René: »›Desistential‹ psychoanalysis«, in: *Journal of European Psychoanalysis*, 10, 2000, 13-30, hier 29.

54 Ebd.

55 Ebd., 18.

Derrida auf Französisch als *hantologie*, was sich »wörtlich« als Verfolgungswissenschaft, Geisterwissenschaft oder Phantomologie übersetzen lässt.[56] Der französische Neologismus geht zurück auf das Verb *hanter* – unablässig verfolgen, keine Ruhe geben. Damit sind wiederkehrende Träume, Zwangsvorstellungen oder die Geister in Schlössern gemeint. *Une maison hantée* ist ein Haus, in dem es spukt. *Hantise* bedeutet Zwangsvorstellung, fixe Idee, Manie, Psychose.[57]

Allerdings ist die Sache durch die »Bedeutung« keineswegs erschöpft. Es geht auch noch um den

56 Hierbei drängt sich der Gedanke an Stanisław Lems *Summa technologiae* (1967) auf. Das sechste Kapitel dieses Buches heißt »Phantomologie«. Jenen Wissensbereich, der sich mit einer künstlichen Realität befasst, welche von der »primären« nicht zu unterscheiden ist, aber anderen Gesetzen unterliegt, bezeichnet Lem als Phantomatik. Die phantomatische Realität muss vom Subjekt gesteuert werden, sie ist also im Gegensatz zu Film oder Theater eine »rückgekoppelte Kunst«. Zudem setzt die phantomatische Realität »die Erschaffung einer Situation [voraus], in der es keine ›Auswege‹ aus der erschaffenen fiktiven Welt in die reale Wirklichkeit mehr gibt.« Die Frage, die sich an dieser Stelle aufdrängt, lautet wie folgt: Worin aber besteht der radikale Unterschied zwischen der »realen Wirklichkeit« und der »phantomatischen«?

57 Derrida findet ein Beispiel für »ein klassisches Gespensterproblem« in Freuds Schrif *Der Wahn und die Träume in W. Jensens »Gradiva«* (1906) vor. »In seiner Lektüre der *Gradiva* gesteht Freud seine eigene Besessenheit ein.« (Derrida: *Dem Archiv verschrieben*, 151.) Von grundlegender Bedeutung erweist sich dabei die Tatsache, dass das Gespenst nicht einfach das Gespenst einer gewissen Gradiva ist, sondern das Gespenst der verdrängten Wahrheit: »Die Wahrheit ist gespenstig, und damit läßt sich ihr Teil Wahrheit nicht auf die Erklärung reduzieren.« (Ebd., 154.)

Gleichklang: *hantologie* ist akustisch kaum zu unterscheiden von *ontologie*. Während beim Schriftbild der Unterschied im gespenstischen, unausgesprochenen Konsonanten »h« besteht, liegt der akustische Unterschied in einem Vokal: »a«/»o«. *Hantologie* verweist auf die Unmöglichkeit von *ontologie*. Der Logos des Seins schließt die Stimme des Nichtseins ein. Die Gespenster untergraben die Stabilität der Ontologie. Die Wissenschaft von den Gespenstern lässt die Wissenschaft vom Sein keine Stabilität erlangen. Die Wissenschaft von den Gespenstern negiert, indem sie die Heimsuchung des Seins vom Nichtsein konstatiert, die existenz einer Ontologie als Wissenschaft vom Sein. Das ist offenbar einer der Gründe, warum Elisabeth Roudinesco *Marx' Gespenster* als eines der psychoanalytischsten Bücher Derridas, als ein »zutiefst Freudsches«[58] Buch bezeichnet, ungeachtet dessen, dass Freud, genauer gesagt »Unheimlichen« von Freud, nur ein einziges Mal, und zudem lediglich in einer Anmerkung Erwähnung findet. Freuds Gespenst spuckt in *Marx' Gespenster*. Man könnte sogar annehmen, dass Freud eines von Marx Gespenstern sei. So oder so aber kann und muss *Marx Gespenster*, ein Buch, das nicht *unmittelbar* mit der Psychoanalyse in Verbindung steht, in das psychoanalytische Archiv aufgenommen werden.

Außerdem ist die Phantomologie – wie auch die Psychoanalyse – gerade heute ausgesprochen wichtig. Insbesondere zu Zeiten des Übergangs von einer Disziplinargesellschaft zu einer Gesellschaft der

58 Vgl. Derrida, Jacques/ Roudinesco, Elisabeth: *De quoi demain ... Dialogue avec E. Roudinesco*. Paris 2001, 284.

totalen Kontrolle zu einem medial-überwachenden System. Insbesondere zu Zeiten der Stimulierung des Kandinsky-Clérambault-Syndroms, industriellen Fertigung von Gespenstern, der Reproduktion »dieser Dinge«, der »Beseelung der Gespenster« am Fließband. Insbesondere zu Zeiten der »idealisierenden Iterabilität«, »die in jeder *techne* am Werk ist.«

Wie kann man dieser Verfolgung ausweichen? Wie der Überwachung entgehen? Wie nicht der Paranoia verfallen?

8. Das Erbe der Techno-Aktuvirtualität

Gespenster verfolgen uns. Gespenster der Vergangenheit, der Erinnerung, des Archivs mnestischer Spuren. Gespenster der psychischen Realität. Gespenster der Zukunft. Gespenster der technischen Realität. Gespenster der psychotechnischen Ausfüllung.

In seinem Aufsatz »Freud und der Schauplatz der Schrift« weist Derrida darauf hin, dass Freud beharrlich die (lebendige) psychische Realität mit dem (toten) Apparat der Schrift beschreibt.

Eine Frage, die die gesamte Psychoanalyse betrifft – die Frage der psychischen Realität, des Topos, des psychischen Apparates erweist sich als unmittelbar verbunden mit der Frage der Oneirographie, der Bahnung von Pfaden psychischer Spuren, der Registrierung von mnestischen Spuren und Mechanismen des Wahrnehmens-Erinnerns-Vergessens. Derridas eigene Bahn verläuft entlang der chronologischen Bahngleise Freuds: vom *Entwurf einer*

Psychologie (1885), über den Brief an Fließ vom 6. Dezember 1896, über *Die Traumdeutung* (1899) und *Das Unbewußte* (1915) zur *Notiz über den Wunderblock* (1924).

Eine der Schlüsselfragen, mit denen sich Freud 1895 im *Entwurf* befasst, lautet: Wie kann das System von verschiedenen miteinander verbundenen Neuronen neue Wahrnehmungen aufnehmen und dabei die Wirkung der alten Reize bewahren? Kurz, ihn beschäftigt die Frage nach den Leitungswegen im Gedächtnis. Seine Annahme ist, dass die Erinnerung an vergangene Bahnbrechungen auf häufig genutzten Wegen auf weniger hohe Widerstände trifft.

Für Derrida liegt die Bedeutung der psychoanalytischen Erklärung des Gedächtnisses weniger in ihrer neurologischen Glaubwürdigkeit als darin, wie sie sich mit dem Modell der psychischen Repräsentation zusammenfügt, wie sie dieses Modell der »Gehirnschrift« verändert, deren Aufschriften wie Markierungen auf einem weißen Blatt Papier bestehen oder fehlen können. Es ist unmöglich, eine Gedächtnisspur mit einem bestimmten Leitungsweg oder einem Durchgang gleichzusetzen, das Gedächtnis ist ein außerordentlich offenes *Differenzierungssystem*. Der Ursprung des Gedächtnisses, und damit auch der Seele besteht in der Differenz der gebahnten Wege. Das Gedächtnis wird nicht mit absoluten Eigenschaften im Neuronensystem gedacht, sondern als ein differenzierter Text. Sogar weniger als Text, dem als mögliche textuelle Spuren, als Differenzierungen zwischen den Bahnungen. Zudem bilden diese Differenzierungen kein geschlossenes System, sie befinden sich im aufgeschobenen Zustand.

Die mnestische Spur kann keinem bestimmten Differenzierungsensemble zugeordnet werden, denn ihre Funktion verlangt die Wiederbahnung, den erneuten Bahnbruch. Die Veränderungen sind abhängig von der Intensität des Widerstandes. Es gibt keine ursprünglichen, mit sich selbst identischen mnestischen Spuren, die als solche in der Erinnerung aufbewahrt und schlicht reproduziert würden:

> Die Wiederholung *trifft* nämlich nicht zum ersten Eindruck unvermutet *hinzu*, ihre Möglichkeit ist bereits im Widerstand da, den die psychischen Neuronen *beim ersten Mal* aufbieten. Der Widerstand selbst ist nur möglich, wenn der Widerstand der Kräfte fortdauert oder sich ursprünglich wiederholt. Die Vorstellung eines *ersten Mals* ist es, die an sich rätselhaft wird.«[59]

Rätselhaft werden in der Tat die Begriffe des »ersten Mals«, des »Ursprünglichen« und des »Elementaren«. Freud ist besessen von der Jagd nach dem Gespenst des Ursprungs, doch hinter jedem Ursprung entdeckt er immer nur einen weiteren Ursprung des Ursprungs. Die Ursprünglichkeit erweist sich als etwas Sekundäres, das Elementare als zerlegbar. Das Archiv der mnestischen Spuren stellt sich nicht als Aufbewahrungsort von Erinnerungen, sondern als ein offenes System von Möglichkeiten auf verschiedenen wiederbahnbaren Wegen heraus. Die Spur wird nicht einfach von einem Ereignis hinterlassen. Die Spur verlangt, dass man ihr folgt.

59 Derrida, Jacques: »Freud und der Schauplatz der Schrift«, in: Ders.: *Die différance. Ausgewählte Texte*. Stuttgart 2004, 224.

Das ist »die wegbahnende [*itinérant*] Arbeit der Spur, die ihren Weg nicht durchläuft, sondern hervorbringt.«[60]

Die Psychoanalyse ist für Derrida nicht nur die Lehre von der Spur und die Disziplin der Gespenster, sondern auch eine Theorie des Archivs. In seinem Buch *Dem Archiv verschrieben* heißt es, dass »die Psychoanalyse eine zumindest potentielle Revolution in der Problematik des Archivs hervorrufen [müsste].«[61] Das Archiv aber *ist* für die Dekonstruktion das Ereignis. Die Psychoanalyse lässt sich mit der allgemeinen Archivologie durch zwei Ansätze zusammenführen. Entweder schließt diese hypothetische Disziplin die Psychoanalyse mit all ihren Ausführungen zur Theorie der Spuren in ihren technologischen und prothetischen Ausprägungen als die allgemeine Wissenschaft von den Archiven ein. Oder die allgemeine Archivologie wird der Kritik der Psychoanalyse zugrunde gelegt, um ihre Logik, Begrifflichkeit, Metapsychologie, Ökonomie und Topik zu vereinen.

Das Lustprinzip und der Todestrieb bewahren und archivieren Spuren. Das Hauptanzeichen des Triebes ist laut Freud sein Konservatismus, sein Bestreben, zu einem bereits gewesenen Zustand zurückzukehren. Dieses Anzeichen *setzt* damit die Bewahrung und die Vernichtung, die gemeinsame Aufbewahrung in der Differenz und die Auslöschung der Spuren *voraus*. Die Archivierung bewahrt die Spuren und verwischt sie gleichzeitig. Die Archivierung erstellt und zerstört das Archiv.

60 Ebd., 244.

61 Derrida: *Dem Archiv verschrieben*, 2.

In *Dem Archiv verschrieben* wendet sich Derrida abermals dem Thema zu, das er bereits in seinem Aufsatz *Freud und der Schauplatz der Schrift* zu behandeln begonnen hat. Er stellt eine Verbindung zwischen der Psychoanalyse, ihrer Geschichte und Denkweise, der Technik der Archivierung und jener Wissenschaft her, die als eine Techno-Wissenschaft in ihrer eigenen Bewegung bestehen kann, in der Transformation der Archivierungstechniken, der Konservierung, Beschriftung, Reproduktion, Formalisierung, Kodierung und Übersetzung von Zeichen. Die psychoanalytische Arbeit ist die Verschlüsselung und Entschlüsselung von Notizen, ihre Verdrängung, Drängung und Lesung. Als eine archivologische Techno-Wissenschaft der Vererbung muss sich die Psychoanalyse bewusst sein, dass Erben nicht heißt, »ein Gut oder ein Kapital zu erhalten, das sich bereits an einem Ort befände, das bei einer Bank hinterlegt wäre, einer Datenbank, Bilderdatenbank oder wo immer. Zum Erben gehören Entscheidungen, Verantwortlichkeit, eine Antwort und folglich eine kritische Selektion, das Treffen einer Wahl.«[62] Die archivologische Wissenschaft der Psychoanalyse ist zudem noch eine Exorz-Analyse, eine Techno-Exorz-Analyse:

> Ohne die analytische Prozedur und die argumentative Vernünftelei auszuschließen (im Gegenteil), besteht der Exorzismus darin, in Form einer Zauberformel zu wiederholen, daß der Tote wirklich tot ist.[63]

62 Derrida/ Stiegler: *Echographien*, 83.

63 Derrida: *Marx' Gespenster*, 82.

Die Psychoanalyse basiert auf Techniken des Erinnerns und des Bewahrens von Notizen, wodurch die prinzipielle Frage nach dem Schicksal der Psychoanalyse im Zeitalter der Technizität aufgeworfen wird: »Welche Zukunft gibt es für die Psychoanalyse in der Ära der elektronischen Post, der Telefonkarte, von Multimedia und CD-ROM?«[64] Denn jede Epoche hat »andere Modalitäten, andere Modi für Gespenster.«[65]

In seiner Auseinandersetzung mit Notationstechniken in *Dem Archiv verschrieben* weist Derrida darauf hin, dass Freuds *Wunderblock* eine Problematik des Drinnen und Draußen birgt. Er ist ein äußeres Modell (des Inneren) des psychischen Apparates. Allerdings enthält dieser aufzeichnende, memorierende Apparat in seiner Vielschichtigkeit innere und äußere Systeme. In ihm besteht das Innere der Psyche selbst, »die Notwendigkeit eines bestimmten Draußen, bestimmter Grenzen zwischen Drinnen und Draußen.«[66] Derrida spricht von einem inneren Außen, genauer gesagt von einem häuslichen Außen [*dehors domestique*], und ruft damit willentlich oder unwillentlich Freuds Vergleich der Psyche mit einem Haus in Erinnerung. Während Freud die Frage nach dem Hausherren beschäftigte, hebt Derrida die Unbestimmtheit der Grenzen, »der Wände« des Hauses hervor.

Erst recht, wenn die Grenzen des öffentlichen und des privaten Raume verwischt sind, wenn diese Grenze fortwährend verschoben wird. Innen und

64 Derrida: *Dem Archiv verschrieben*, 3.

65 Derrida: *Marx' Gespenster*, 272, Anm. 82.

66 Derrida: *Dem Archiv verschrieben*, 39.

Außen werden abermals infrage gestellt. Eben diese Unmöglichkeit der Differenzierung, diese Grenzenlosigkeit lässt die Techno-Gespenster frei:

> Und wenn diese entscheidende Grenze sich verschiebt, dann deswegen, weil das Medium, in dem sie sich instituiert, das heißt das Medium der Medien selbst (die Information, die Presse, die Telekommunikation, Techno-Tele-Diskursivität, die Techno-Tele-Ikonizität, das, was ganz allgemein die Verräumlichung des öffentlichen Raums gewährleistet und determiniert, die Möglichkeit selbst der *res publica* und die Phänomenalität des Politischen), weil dieses Element selbst weder lebendig noch tot ist, weder präsent noch abwesend: Es spukt.«[67]

Und wieder stehen wir an der gespenstischen Grenze der psychischen und der praktischen Realität – Derrida spricht übrigens von der virtuellen und der aktuellen Virtualität. Wo verläuft diese Grenze? Derrida antwortet auf diese unentscheidbare Frage mit dem Neologismus der Aktuvirtualität.

Die Aktuvirtualität ist sicherlich nicht identisch mit der psychischen Realität, doch sie ist ihr ähnlich. Die Aktualität basiert auf der Anwesenheit, die Virtualität auf der Möglichkeit dieser. Die Aktuvirtualität lässt keine Überlegungen zur Aktualität in Begriffen der Anwesenheit zu. So zeigt zum Beispiel das Fernsehen ungeachtet dessen, dass es Live-Übertragungen bietet und Sendungen für aktuelle Meldungen unterbricht, wenn es denn etwas zeigt, eben jene Virtualität des Aktuellen *und* Aktualität des Virtuellen. Die digitale und die Satellitentechnik verwischen die Oppositionen des Öffentlichen und

67 Derrida: *Marx' Gespenster*, 87.

Privaten, Nahen und Fernen, Innen und Außen, Lokalen und Globalen, Realen und Gespenstischen.

Die Zeit ist artefaktuell. Ihre Artefaktualität erfolgt daraus, dass die Aktualität nichts Gegebenes ist, sie wird aktiv mithilfe einer Vielzahl hierarchisierender und ereignisraubender Apparate erzeugt. Die Zeit wird bestimmt durch die Geschwindigkeit der Produktions-Kapitalisierung eines Ereignisses, die Geschwindigkeit der Informationsverbreitung, die Lebensdauer der Tele-Präsenz, die Geschwindigkeit des Erscheinens von synthetischen und prothetischen Ebenbildern. In diesen Techno-Ideo-Couloirs trifft man unweigerlich auf Gespenster. Phantomgliedmaßen, Prothesen tragen ihren Teil dazu bei. Das Ergebnis der Verlagerung des »Draußen« nach »Drinnen« ist die Entstehung einer Prothese des Drinnen [*prothèse du dedans*]. Die Prothese des Drinnen deutet unmissverständlich auf eine Trennung des Menschen vom Natürlichen, auf die Tele-Technologizität des Menschen.

9. Geister auf Prothesen

Den Begriff der Prothese führt Freud in seinem Buch *Das Unbehagen in der Kultur* (1930) ein. Ihm gehen Überlegungen zur Grenze zwischen dem Innen und Außen voraus, zur Begrenzung des Selbst, zum Säugling, der »noch nicht *sein Ich von einer Außenwelt als Quelle der auf ihn einströmenden Empfindungen* [sondert].«[68] Nur allmählich werden

68 Freud, Sigmund: *Das Unbehagen in der Kultur*. Frankfurt a. M. 1994. 33f, kursiv im Original.

die projizierten inneren Objekte als äußere wahrgenommen. Dabei werden sie mit unangenehmen Empfindungen assoziiert: dem Fehlen der Mutterbrust, Schmerzempfindungen und Unzufriedenheit. Als Ergebnis solcher Empfindungen »entsteht die Tendenz, alles, was Quelle solcher Unlust werden kann, vom *Ich* abzusondern, es nach außen zu werfen, ein reines Lust-Ich zu bilden, dem ein fremdes, drohendes Draußen gegenübersteht.«[69] Entlang der Grenze des aktuvirtuellen Universums, zwischen dem Drinnen und Draußen werden verschiedenste Prothesen errichtet. Entlang der Grenze des pulsierenden Universums, *zwischen* dem Innen und Außen siedeln sich die Gespenster an. Ursprünglich »enthält das Ich alles, später scheidet es eine Außenwelt von sich ab. Unser heutiges Ich-Gefühl ist also nur ein eingeschrumpfter Rest eines weitumfassenderen, ja, – eines allumfassenden Gefühls, welches einer innigeren Verbundenheit des Ichs mit der Umwelt entsprach.«[70] Das Ich ist das Ergebnis einer Zusammenziehung, der Bodensatz einer innigen Verbundenheit mit dem Außen. Das Ich ist eine Abwendung von der Projektionsbildung. Das Ich ist ein Artefakt der Prothesenbildung.

Zwischen dem (Nicht-)Drinnen und dem (Nicht-)Draußen sind Prothesen. Die Anthropogenese ist eine Techno-Genese. Der »Ursprung« des Menschen liegt weder im Natürlichen noch im Künstlichen, sondern in der Artefaktualität, in der aktuvirtuellen Psycho-Techno-Prothesierung. Das

69 Freud, Sigmund: »Die Frage der Laienanalyse«, in: Ders.: *Abriß der Psychoanalyse*. Frankfurt a. M. 1994, 34.

70 Freud: *Das Unbehagen in der Kultur*, 34.

menschliche Wesen tritt an der Grenze der Unzulänglichkeit in der Ergänzung durch Techno-Gespenster in Erscheinung, in der Tele-Übertragung seiner selbst über seine unmöglichen Grenzen.

Freud verbindet die Entstehung der Kultur, die Erscheinung des Menschen und die Gesetzesbildung mit dem (aktuvirtuellen) Vatermord. Der Institution des Gesetzes gehen nachträglich der Gesetzesbruch und die Wiederkehr des Vaters aus dem Nichts voraus; der Festigung des Gesetzes das Phantasma des Mordwerkzeugs. Durch die Ratifizierung des Gesetzes und die Erscheinung des Mordwerkzeugs wird die Zeit mehrschichtig. »[D]er Übergang zur Erscheinung des Menschen vollzieht sich als Erfindung der Waffen, d.h. der Technik als der Entstehung von Antizipationsstrukturen überhaupt. Anders gesagt, die Techno-Genese ist eine Anthropogenese als der Beginn der temporalen Ekstase, in der Vergangenheit, Gegenwart und Zukunft differenziert wird.«[71]

Das Gespenst wird in der Zeit sichtbar. Es stellt ein Auseinanderklaffen in der Anwesenheit des Anwesenden dar, eine gewisse Nicht-Gegenwärtigkeit der gegenwärtigen Zeit, eine radikale Dischronie. Das Vergangene kehrt wieder und erschafft eine Vorstellung von der Gegenwart. Wobei das Vergangene die Gegenwart nicht erzeugt, es gibt die Bedingungen für sie vor. Die Vergangenheit entsteht *nach* der Gegenwart. Eine abstrakte, absolute Vergangenheit ermöglicht die Gegenwart. Eine absolute Vergangenheit, wie Bernard Stiegler sie nennt,

71 Stiegler: »Oružie mertvogo otca, ili nasledie i nasledovanie u Freida«, 26.

ist »das, was der Möglichkeit der Differenzierung der Zeiten vorangeht. In dieser absoluten Vergangenheit lebt ein männliches Wesen, das noch nicht der menschliche Vater ist, getötet durch die Waffe der Kinder, durch deren Bewaffnung, ist es tot umso mächtiger, ist es mehr als ein Mensch, es ist eine Quasigottheit«[72], es ist das Gespenst mit Prothesen. Es ist die Ausfüllung seiner eigenen Unmöglichkeit. Es ist das Gesetz und der Fehler des Ursprungs.

Stiegler wendet sich bei seiner Analyse der Anthropo-Techno-Genese dem vergessenen Bruder des unvergesslichen (und auch bei Freud präsenten) Prometheus zu – Epimetheus. Die zwei Brüder begehen einen doppelten Fehler: Von Zeus beauftragt, den Tieren zu vermitteln, was sie zum Leben benötigen, vergisst Epimetheus das Menschengeschlecht und stattet es mit keinerlei Gaben aus. Prometheus schenkt den Menschen daraufhin mit dem Feuer die göttliche Technik, die den Mangel, ihre biologische Unzulänglichkeit jedoch nicht beheben kann. Bei dem Versuch, den Fehler seines Bruders auszugleichen, belässt Prometheus die Sterblichen in ihren eigenen Grenzen, womit er ihre Sterblichkeit besiegelt. Prothesen statt Fähigkeiten. Sie bestimmen das menschliche Dasein. Prothesen, die den Menschen ergänzen und das unmenschlichste »Wesen« des Menschen bilden.

Prothesen dekonstruieren die Opposition künstlich-natürlich, techne-physis. Die Natur des Menschen ist jenseits der Natur. Es ist, als entfremde die Technologie den Menschen von sich selbst, vom eigenen Sinn des Seins, dabei ist sie es, die

72 Ebd.

ihm diesen Sinn verleiht. Der Mensch ist *zwischen* dem sogenannten Natürlichen und dem sogenannten Technischen in sich. Er ist in der Ergänzung; seine lebendige Präsenz ist immer schon durch das Phantasmatische ergänzt, durch eine prothesierende Nicht-Präsenz. Die Gespenster zeugen ebenso vom Tod des Menschen wie sie von seinem Leben zeugen.

Der Ergänzungsprozess wirft noch eine Frage auf: Wie kann etwas Abgeschlossenes, an sich Ganzes, in der Vollständigkeit seiner Präsenz, durch noch etwas ergänzt werden? Der sogenannte ganzheitliche, selbstgenügsame, unteilbare Mensch trägt einen Mangel, eine Unzulänglichkeit in sich. Der Mensch ist ein ergänzter Mensch. Die Ergänzung ersetzt das Fehlen des natürlichen Menschen. Der Mensch ist kein vernunftbegabtes Tier, dem es gelingt »abwechselnd noch Lusttier zu sein und dann wieder ein verständiges Wesen« und noch nicht einmal ein Techno-Tier. Der Mensch ist ein artifizielles Techno-Wesen der Aktuvirtualität.

10. Das Techno-Wesen

Die Frage nach den Gespenstern erweist sich als unmittelbar mit der Frage nach der Technik verknüpft. Es ist die Technik, die die gewohnte Vorstellung von Zeit und Raum auflöst; sie desorganisiert und reorganisiert die Aktuvirtualität. Diese Techno-Auflösung von Raum und Zeit setzt Gespenster frei. Sie verfolgen das Subjekt, überwältigen es, führen ihm vor: Der Tod ist bereits *da*, vor dir, der Tod ist bereits *fort*, hinter dir. Du bist ein Toter. Gespenster sind unsterblich.

Die technische Reproduzierbarkeit erzeugt einen Effekt des Spuks. Die Techno-Realität von Fotografie, Film, Fernsehen, Telefon und Internet offenbart Gespenster, die ihre »Herren« überleben und von deren Abwesenheit zeugen. Diese Gespenster sind weder Subjekt noch Kopie eines Originals, keine Wiederholung, sondern die Kehrseite des Effektes der Tele-Techno-Subjektivität. Die Reproduzierbarkeit verstärkt den Iterabilitätseffekt.

Das Gespenst zeigt eine andere Seite desselben. Die Iterabilität schreibt eine Struktur Desselben in Differenz vor. Das Gespenst gehört nicht der Welt der sogenannten einzigartigen Dinge an, ist nicht Teil der »Welt der Präsenz«. Das einmalige Erscheinen des Gespenstes enthält bereits die Möglichkeit der Wiederholung. Das einst Erschienene ist schon das zukünftige Unangemeldete. Die Erscheinung des Gespenstes ist die Spur des Gespenstes. Die Iterabilität wiederholt eine Erscheinung und zieht gleichzeitig eine Wiederholung derselben in Zweifel: Ist es denn dasselbe? Dasselbe Gespenst oder ein anderes?

In der unwiederholbaren Wiederholung kehren die Gespenster hartnäckig wieder und wieder. Das unpersönliche Gespenst – »es spukt« – nistet sich im Automatismus der Wiederholung ein. Das Produkt des Automaten, das weniger durch einen Aufenthalt des Menschen im Reich der Geistigkeit, dem Geister innewohnen, erzeugt wird, als durch sein Ausweichen in diese Welt. Durch den sich immerfort wiederholenden Übergang in diese andere Welt. Die unwiederholbare Wiederholung des Erwachens, das

Austreten aus der Welt der Träume kündigt bereits einen derartigen Ausweg an.

Der Iterabilitätseffekt ist außerdem in der Oneirisierung der »äußeren« Welt wirksam. Die Oneirisierung ist die Supplementarität, die den psychischen Raum bestimmt und differenziert. Die Techno-Oneirisierung vereint Psychisches und Nicht-Psychisches, Leben und Tod, erzeugt einen Sinn der Zeit und löst ihn auf. Es ist die Schrift, die als Technik fungiert, die eine Verbindung zwischen Leben und Tod, Anwesendem und Vorgestelltem schafft. Die Oneirographie wirft die Frage nach der Technik auf, nach dem Apparat im allgemeinen und nach der Analogie des psychischen und nichtpsychischen Apparates im besonderen.

In *Das Unbehagen in der Kultur* hebt Freud die Besonderheiten der psychischen Schrift hervor. Zum einen bewahrt sie einst Notiertes: Das, was einmal in der psychischen Realität entstanden ist, wird im Archiv des Unbewussten aufgehoben und kann unter bestimmten Umständen wieder auftauchen. Zum anderen wird das einst Notierte in spätere Notizen eingebaut, es wird deformiert und reformiert, genauer gesagt – *nicht* in seinem »ursprünglichen« Zustand bewahrt, es wiederholt sich auf unwiederholbare Weise. Freud vergleicht diesen Vorgang mit ontogenetischen Entwicklungsphasen des Körpers, bei denen die nachfolgenden Phasen die vorangegangenen absorbieren. Aufgrund dieser und zudem einer archäologischen Analogie verändert er seine These zur *Aktuvirtualität* der Bewahrung der Notizen und berücksichtigt in der neuen Formulierung eventuelle Abstufungen: Offenbar »sollten wir uns zu behaupten begnügen, daß das Vergangene im Seelenleben erhalten bleiben *kann*, nicht *notwendigerweise* zerstört werden muß.«[73] Einzelne Spuren können also getilgt oder so weit absorbiert werden, dass eine Wiederherstellung unter keinen Umständen mehr möglich ist.

Diese Spuren sind die Spuren der Kultur und nur in ihr kann der Mensch existieren, es sind die Spuren, die der Mensch erbt, wenn er den Raum der Kultur betritt, zu ihrem Subjekt wird. Die Geschichte des kulturellen Erbes ist die technologische Geschichte der Prothesierung und Erschaffung der sogenannten Realität. Freud verfolgt sie zurück bis zu der Zähmung des Feuers; mit dieser und noch einigen anderen Mitteln »schlug der Mensch Wege ein, die er seither immer weiter verfolgt hat.«[74] Es ist der prometheische Weg, ein Techno-Weg: »Mit all seinen Werkzeugen vervollkommnet der Mensch seine Organe – die motorischen wie die sensorischen – oder räumt die Schranken für ihre Leistung weg.«[75] Es ist ein Weg der »Motoren«, »Schiffe«, »Flugzeuge«, »Brillen«, »Fernrohre«, »Mikroskope«, »photographischen Kameras«, »Grammophone« und »Telephone«. Auf diesem Weg gilt es, das Organ durch die Kompensation des Mangels zu vervollkommnen. Kein Prometheus ohne Epimetheus.

Eine Prothese ist nicht spürbar. Eine Prothese ist eine Phantomgliedmaße. Eine Prothese ist phantomogen. Wenn Freud vom Fotoapparat und dem Grammophon spricht, hebt er jedoch nicht die

73 Freud: *Das Unbehagen in der Kultur*, 38.

74 Ebd., 56.

75 Ebd., 56 f.

Phantasmatik des aufgenommenen Bildes oder der Stimme ohne (anwesenden) Sänger hervor, sondern, die Tatsache, dass »beides im Grunde Materialisationen des ihm [dem Menschen] gegebenen Vermögens der Erinnerung, seines Gedächtnisses«[76] sind. Wer hat dem Menschen dieses Vermögen zuteilwerden lassen? Hat Epimetheus die Menschen etwa doch nicht vergessen? Sich an die Erinnerung erinnert? Oder ist es doch das Werk des Prometheus?

Das Gedächtnis ist Technik. Die Prothesen sind Materialisationen dieser Technik. Das Gedächtnis ist ein Archiv. Die Prothesen sind Materialisationen dieses Archivs.

In *Dem Archiv verschrieben* betont Derrida ein weiteres Mal, dass Freuds *Notiz über den Wunderblock* eine Verbindung zwischen Archivierungsverfahren, Technik und dem Tod herstellt. Die Frage nach der Technik der Archivierung ist insofern bedeutsam, als »die technische Struktur des archivierenden Archivs [...] auch die Struktur des archivierbaren Inhalts schon in seiner Entstehung und in seiner Beziehung zur Zukunft [bestimmt]. Die Archivierung bringt das Ereignis in gleichem Maße hervor, wie sie es aufzeichnet.«[77]

11. Der Kampf ums Erbe

Das Archiv, die Technik und die Vererbung verbinden das Subjekt nicht nur mit dem Tod, sondern auch mit der Unsterblichkeit. Wie könnten hier kei-

76 Ebd., 57.

77 Derrida: *Dem Archiv verschrieben*, 35.

ne Gespenster auftauchen? Die Frage besteht aber noch in etwas anderem: Erhält man die Gespenster als Erbschaft so wie die andere Technik oder werden sie auf irgendeine Weise biologisch vererbt? Und abermals: Woher kommt das Gespenst des Vaters?

Bernard Stiegler schlägt vor, zwischen den Begriffen der Erbschaft und der Vererbung zu differenzieren. Und auch Freud bewegt sich zwischen diesen beiden Vorstellungen. Er schwankt zwischen ihnen ohne eine endgültige Entscheidung zu treffen. Wie sollte er auch eine treffen, wird er doch von den Gespenstern der strengen Wissenschaft heimgesucht und lassen ihm doch die Geister des transgenerationalen phylogenetischen Erbes keine Ruhe. Freud zweifelt. Auf dem von der Wissenschaft gebahnten Weg drängen Gespenster des Okkultismus ins Haus der Psychoanalyse.

Es scheint, als zeichne sich in Freuds Unentschlossenheit hinsichtlich der Frage der Erbschaft und Vererbung eine Gesetzmäßigkeit ab. Und so muss es sein, denn das Erbe ist niemals ein *Gegebenes*, »es ist immer eine *Aufgabe*.«[78] Diese unentscheidbare Aufgabe taucht jedes Mal auf, wenn sich Freud am Äußersten, an der Grenze des Seins befindet, doch »das Sein dessen, was wir sind, [*ist*] in erster Linie Erbschaft«[79]. Eine Erbschaft, die das Sein immer schon mit dem, was auf seiner anderen Seite, jenseits der Grenze ist, verbindet. Die Frage nach der Existenz und nach dem Subjekt der Existenz ist eine Frage nach Leben und Tod, Lebendem und Totem, Vererbung und Erbschaft.

78 Derrida: *Marx' Gespenster*, 92.

79 Ebd., 93.

Die Frage der Bewahrung des Überlieferten, der Überlieferung von Tradition, der Erbschaft und Vererbung ist die Frage der Entstehung von Gespenstern. Sind sie eine Erscheinung des Inkorporierten oder phylogenetische Erinnerungen? Eine Wiederkehr des Verdrängten oder das Gedächtnis vorheriger Generationen? Erinnere ich mich an etwas, was mit mir passiert sein könnte oder an »etwas, das nicht mir passiert ist«?

In seiner Studie *Der Mann Moses und die monotheistische Religion* sieht sich Freud abermals mit der Frage nach dem archaischen Erbe konfrontiert. In dem Kapitel *Schwierigkeiten* schreibt Freud, dass die Frage, in welcher Form die wirksame Tradition im Leben der Völker vorhanden ist, eine Frage sei, »die es beim Individuum nicht gibt, denn hier ist sie durch die Existenz der Erinnerungsspuren des Vergangenen im Unbewußten erledigt.«[80] Die Frage nach dem transindividuellen Gedächtnis und der Traditionsüberlieferung stellt Freud jenseits der Grenzen des Individuums. Das Individuum ist unbewusster Träger der Tradition, das Volk aber ist sich seiner Tradition bewusst. Zudem hebt Freud die Unmöglichkeit einer mündlichen Übertragung des Erbes hervor:

> Wenn wir vor dem Fortbestand einer alten Tradition in einem Volk, von der Bildung eines Volkscharakters sprechen, hatten wir meist eine solche ererbte Tradition und nicht eine durch Mitteilung fortgepflanzte im Sinne.[81]

80 Freud, Sigmund: »Der Mann Moses und die monotheistische Religion«, in: Ders.: GW XXVI. Frankfurt a. M. 1992, 200.

81 Ebd., 207.

Es sind also zwei Traditionen. Das Problem besteht darin, dass die Erinnerungen an den Urvater im Laufe der Jahrtausende gänzlich in Vergessenheit gerieten; durch mündliche Überlieferung konnten sie nicht bewahrt werden. Eine Nacherzählung ist bereits eine Bewusstwerdung, eine Verbindung mit dem Wort. Darum entsteht bei mündlicher Überlieferung keine obsessive Wiederholung. Freud führt abschließend ein psychologisches Argument an: »Eine Tradition, die nur auf Mitteilung gegründet wäre, könnte nicht den Zwangscharakter erzeugen, der den religiösen Phänomenen zukommt.«[82] Ein Paradox besteht darin, dass das Wort selbst die Wiederholung beinhaltet, das ausgesprochene Wort jedoch setzt die Abwesenheit der Obsession in der Wiederholung voraus. Das Ersetzen des Wortes durch die Tat verwandelt die Wiederholung in Obsession.

Ist das Ererbte, das die Nacherzählung nicht erfasst, das Verdrängte? Ist das nicht verbalisierbare Ererbte das Verdrängte, das zur Wiederkehr bestimmt ist? Freud weist darauf hin, dass der vergessene Inhalt selbst »nicht ausgelöscht [ist], sondern nur ›verdrängt‹, seine Erinnerungsspuren sind in aller Frische vorhanden, aber durch ›Gegenbesetzungen‹ isoliert.«[83]

Allerdings erklärt die Verdrängung nicht den Mechanismus der Übertragung dieses Inhalts von Generation zu Generation. Freuds Betrachtungen zum Verdrängten erstrecken sich über mehrere Seiten, gleichsam eine Erklärung der transgeneratio-

82 Ebd., 208.

83 Ebd., 201.

nalen Übertragung aufschiebend. Die Verdrängung erklärt das »Selbsterlebte«. Indes »[mögen] im psychischen Leben des Individuums nicht nur selbsterlebte, sondern auch bei der Geburt mitgebrachte Inhalte wirksam sein [...], Stücke von phylogenetischer Herkunft, eine *archaische Erbschaft.*«[84] Fremde Inhalte werden zum Eigentum.

Nun wird »die eigene« archaische Erbschaft erneut angeeignet. Nicht ohne den Einfluss von Jungs Gespenst in *Totem und Tabu* (1912) erschienen, taucht sie mal in Zusammenhang mit dem Ambivalenten (*Triebe und Triebschicksale*, 1915), mal in Zusammenhang mit den Paraphantasien des Wolfsmenschen (1918) oder dem Erbe des Schuldgefühls (*Das Ich und das Es*, 1924) auf. Freud versucht, über dieses inkorporierte Erbe Herr zu werden, als sei es sein eigenes.

Die Frage des Erbes lässt sich nicht auf das Subjektive und Transsubjektive, das der »eigenen« und den vorhergehenden Generationen gehört, begrenzen. Der Widerspruch liegt jedoch in etwas anderem: Das Erbe ist etwas, das man beherrscht, aber nicht vollständig beherrschen kann. Das Erbe ist etwas, das trotz Widerstand (wieder und wieder) erlangt wird. Eine Subjektivierung, ein automatischer Erhalt der Illusion von Autonomie ist unmöglich ohne Widerstand gegen das Ererbte. Insofern wird das Erbe niemals passiv entgegengenommen. Das Erbe ist nicht einfach eine Archivierung, eine Ansammlung. Das Erbe ist keine Bank und kein Lager. Es fordert eine Entscheidung: Was tun mit all diesem Erbe? Was die Pflicht rät?

84 Ebd., 204f.

Die Erbpflicht schreibt einen Fortschritt in der Geistigkeit vor. Die Pflicht zwingt dazu, sich für die Vernunft zu entscheiden. Das Gespenst der Pflicht ist auf der Seite der Vernunft. Die Gespenster fordern Rationalisierung. Freud trifft eine Entscheidung. Der Fortschritt in das »eigene« menschliche Reich des Geistes »besteht darin, dass man gegen die direkte Sinneswahrnehmung zu Gunsten der sogenannten höheren intellektuellen Prozesse entscheidet, also der Erinnerungen, Überlegungen, Schlussvorgänge. Dass man z. B. bestimmt, die Vaterschaft ist wichtiger als die Mutterschaft, obwohl sie nicht wie letztere durch das Zeugnis der Sinne erweisbar ist. Darum soll das Kind den Namen des Vaters tragen und nach ihm erben.«[85] Das Kind soll das Gespenst des Vaters erben, dessen Existenz »nicht durch das Zeugnis der Sinne erweisbar ist«. Das Schibboleth der Psychoanalyse ist der Ödipuskomplex. Das Schibboleth des Ödipuskomplexes ist der Name des Vaters [*le nom du père*]. Der Übergang in das Reich des Geistes ist ein Übergang in das unbeweisbare, gespenstische Reich des Gesetzes. Ein Übergang auf Verlangen der Gespenster, in die Welt der Vernunft. Der Vernunft, die von Gespenstern besessen ist. Der Übergang ist das Reich der Vernunft, ist ein Übergang in die Welt des Großen Anderen, die Welt des radikal Anderen, die Welt, die ein »Jenseits« erschafft.

Im psychischen Leben eines Individuums sind also, wie Freud schreibt, nicht nur eigene Erlebnisse wirksam, sondern auch die anderer, die ererbten Inhalte, das »archaische Erbe« ist »teils phyloge-

85 Ebd., 225.

netischen Ursprungs«. Vom anderen Teil schweigt Freud. Man könnte annehmen, dass zum nichtphylogenetischen Teil des Archivs ererbte psychische Merkmale gehören, die von der vorhergehenden Generation erworben wurden. Darwins phylogenetischer Besitz wird durch das Erbe Lamarcks erweitert. Das Gespenst Lamarcks lässt auch von Freud nicht ab. Das Gespenst vom Vervollkommnungstriebes [*instinct de perfectionnement*]. Das Gespenst der Vererbung erworbener Eigenschaften [*l'hérédité de l'acquis*]. Frei von Bedenken versichert Freud: »[D]ie Menschen haben es – in jener besonderen Weise – immer gewusst, dass sie einmal einen Urvater besessen und erschlagen haben.«[86] Freud ist überzeugt: Ohne die archaische Erbschaft geht es nicht, nur der Geist Lamarcks mit seiner Theorie kann helfen. Wie? »In jener besonderen Weise.« Wobei in jener besonderen Weise nicht nur der Mord am Urvater, sondern auch die Kenntnis von dieser Übeltat ererbt wird. Freud kümmert sich nicht um die historische Niederlage Lamarcks und den Sieg Darwins. Wenn er auch zugibt, dass sich seine Lage »durch die gegenwärtige Einstellung der biologischen Wissenschaft [...], die von der Vererbung erworbener Eigenschaften auf die Nachkommen nichts wissen will«,[87] erschwert habe. Die Biologieforschung weigert sich auch heute noch, eine Übertragung »auf jene besondere Weise« im Geiste Lamarcks zu verstehen. Zudem dürfte Freuds Zustimmung »zu einer biologischen Doktrin erworbener Eigenschaften – kurz gesagt, des biologischen Archivs – [...] nicht

86 Ebd., 208.

87 Ebd., 207.

einfach und unmittelbar mit all dem zu vereinbaren sein, was Freud auf der anderen Seite anerkennt: das Gedächtnis der Erfahrung vorangegangener Generationen, die Zeit der Bildung der Sprachen und einer Symbolizität, die die bestehenden Sprachen und die Diskursivität als solche transzendiert.«[88]

Die Frage nach Darwin und Lamarck in Freuds Systemen der Vererbung lässt sich durch die Unterscheidung von zwei Evolutionen, die der Mensch beerbt, beantworten. Die Evolution des Menschen bleibt für Freud »darwinistisch hinsichtlich der Genetik« und »lamarckistisch hinsichtlich der Sprache und Kultur«.[89] Wobei die Frage der Vererbung, wenn man von einer Freud'schen Vorstellung zu einer anderen wechselt und vom »Menschentier« zum »Techno-Menschen« als einem »Gott auf Prothesen«, einem Gespenst auf Prothesen übergeht, zu einer Frage der Technik wird. Dann gilt es »nicht nur von der Sprache und der ›Kultur‹ im allgemeinen nebelhaften Sinne des Wortes zu sprechen, sondern im eigentlichen Sinne von der Technik, von der Technik in all ihren Varianten, *nicht nur von jener Technik, die als eigentliche hypomnesische Technik bekannt ist.*«[90]

Aber was genau wird nach Freuds Theorie vererbt? Bestimmte Neigungen, Dispositionen. Das ist jedoch nicht alles. Ein Gespenst kommt nicht allein. Sobald das Gespenst Lamarcks über ihm zu

88 Derrida: *Dem Archiv verschrieben*, 62.

89 Stiegler: »Oružie mertvogo otca, ili nasledie i nasledovanie u Freida«, 37.

90 Ebd.

schweben beginnt, taucht das Gespenst Jungs auf und es öffnet sich die Krypta der Symbolik, augenblicklich nehmen Universalien den Platz der individuellen Bedeutungen ein – »die Allgemeinheit der Sprachsymbolik.«[91] Aber auch das ist noch nicht alles. Zu diesen Gespenstern kommen immer weitere hinzu. Freud erscheint das Gespenst Platons: »[E]s handelt sich um ursprüngliches Wissen, das der Erwachsene später vergessen hat.«[92] Jetzt ist also nicht mehr von Urphantasien die Rede, sondern von einem ursprünglichen Wissen vom Mord des Urvaters. Es überrascht kaum, dass sich nun »die Symbolik […] auch über die Verschiedenheiten der Sprachen hinweg[setzt].«[93] Freud erscheint sogar ein Gespenst aus der Zukunft. Das Gespenst von Chomsky mit dem Erbe der generativen Grammatik: »Man könnte sagen, es handle sich um Denkbeziehungen zwischen Vorstellungen, die sich während der historischen Sprachentwicklung hergestellt hatten und die nun jedesmal wiederholt werden müssen, wo eine Sprachentwicklung individuell durchgemacht wird.«[94] Und schon taucht eine Erscheinung von der Traumatheorie wieder auf:

> Wenn wir die Reaktionen auf die frühen Traumen studieren, sind wir oft genug überrascht zu finden, dass sie sich nicht strenge an das wirklich selbst Erlebte halten, sondern sich in

91 Freud: »Der Mann Moses und die monotheistische Religion«, 205.

92 Ebd..

93 Ebd.

94 Ebd., 206.

> einer Weise von ihm entfernen, die weit besser zum Vorbild eines phylogenetischen Ereignisses passt und ganz allgemein nur durch dessen Einfluss erklärt werden kann.[95]

Noch etwas kommt hinzu, um nicht zu sagen, es kommt noch schlimmer: Der Ödipus- und Kastrationskomplex stellt sich als von einem phylogenetischen Ereignis verursacht heraus, weil er »überreich [ist] an solchen Reaktionen, die individuell ungerechtfertigt erscheinen und erst phylogenetisch, durch die Beziehung auf das Erleben früherer Geschlechter, begreiflich werden.«[96] Diese Reaktionen können gerechtfertigt und verstanden werden. Im Kreis der Gespenster.

Der Kreis der Gespenster verhilft Freud zu der endgültigen Entscheidung,

> dass die archaische Erbschaft des Menschen nicht nur Dispositionen, sondern auch Inhalte umfasst, Erinnerungsspuren an das Erleben früherer Generationen. Damit wären Umfang wie Bedeutung der archaischen Erbschaft in bedeutungsvoller Weise gesteigert.[97]

Freud zum Trotz versichert Freud also, dass die Tradition doch etwas mit dem Individuum zu tun hat und »auf jene besondere Weise« »durch die Existenz der Erinnerungsspuren des Vergangenen im Unbewussten« verwirklicht wird.

Als würden sie die Gespenster nicht bemerken, betreten einige Freuds *gleichsam* wieder den festen

95 Ebd.

96 Ebd.

97 Ebd.

Boden der Biologie: Den Instinkten der Tiere entspricht beim Menschentier seine eigene »archaische Erbschaft«.[98] Dem »Menschentier« gelingt es »abwechselnd noch Lusttier zu sein und dann wieder ein verständiges Wesen.« Es gelingt ihm abwechselnd als Tier im Rousseau-Naturschutzpark Lust zu empfinden und dann wieder im gespenstischen Reich des Geistes zu weilen. Die »archaische Erbschaft« nimmt den Platz der Instinkte ein. Doch war dieser Platz nicht bereits von den Trieben besetzt? Wie wird etwas Teil der archaischen Erbschaft?

Wenn sich ein historisches Ereignis als wichtig erweist und sich wiederholt, wie im Fall des Vatermordes, dann geht diese Erinnerung in das archaische Erbe ein. Ist diese Erinnerung ein Trieb? Ein Trieb wird durch das Antreffen einer realen Wiederholung des Ereignisses geweckt: »von entscheidender Bedeutung [ist] die Erweckung der vergessenen Erinnerungsspur durch eine rezente reale Wiederholung des Ereignisses.«[99] Eine reale Wiederholung also. Keine Sinnestäuschung, keine Erscheinung, sondern »eine rezente reale Wiederholung.« Das Unwiederholbare wiederholt sich. Wiederholt es sich in der Realität? Was möchte Freud erreichen? »[E]twas anderes. Wir verringern die Kluft, die frühere Zeiten menschlicher Überhebung allzuweit zwischen Mensch und Tier aufgerissen haben«,[100] bis wir wie der beim Menschentier angelangen.

Diese Kluft wird jedoch immer tiefer. Sie wird vertieft durch die Evolution der Prothesen, die Ent-

98 Ebd.

99 Ebd.

100 Ebd., 207.

wicklung des Techno-Menschen, durch die Missgeschicke des Menschengespenstes. Der Mensch »kommt ins Leben dank Objekten, die anorganische technische und dabei sehr gut organisierte Wesen sind, die sich zwischen Leben und Tod bewegen, die Spuren abgeschlossener Leben, ja sogar Phantome sind: Erbschaft sucht heim. Doch das bedeutet *ebenso*, jenseits der Konservierung, *in der biologischen Archivologie selbst, die letzten Endes die Epiphylogenese konstituiert*, dass das Leben als ein prothesiertes nicht mehr gemäß dem neodarwinistischen Gesetz, dessen Theorie die Molekularbiologie entwickelt, evolutioniert.«[101] Während ein Freud eine Theorie der Prothesen entwickelt, folgt ein anderer der Molekularbiologie, den dritten zieht es zu Lamarck, der vierte …

Freud sieht, dass »auf jene besondere Weise« die ererbten »Erinnerungsspuren des Vergangenen im Unbewussten« unter der Wirkung einer »realen Wiederholung des Ereignisses« zum Leben erwachen. Ihm scheint sogar immer mehr, dass andernfalls die Maschine der Psychoanalyse ins Stocken geriete.

> Zugegeben, dass wir für die Erinnerungsspuren in der archaischen Erbschaft derzeit keinen stärkeren Beweis haben als jene Resterscheinungen der analytischen Arbeit, die eine Ableitung aus der Phylogenese erfordern, so erscheint uns dieser Beweis doch stark genug, um einen solchen Sachverhalt zu postulieren. Wenn es anders ist, kommen wir weder in der Analyse noch in der Massenpsychologie auf dem eingeschla-

101 Stiegler: »Oružie mertvogo otca, ili nasledie i nasledovanie u Freida«, 38.

> genen Weg einen Schritt weiter. Es ist eine unvermeidliche Kühnheit.«[102]

Wir haben also »für die Erinnerungsspuren in der archaischen Erbschaft derzeit keinen stärkeren Beweis [...] als jene Resterscheinungen der analytischen Arbeit, die eine Ableitung aus der Phylogenese erfordern«. Die Gespenster der archaischen Erbschaft erscheinen gerade in der psychoanalytischen Arbeit, und ohne diese Gespenster gibt es, wie Freud versichert, kein Vorankommen. Ist es nicht vielleicht andersrum? Beschädigen diese Gespenster nicht die Maschine der Psychoanalyse? Was sind es für Gespenster, die Freud verfolgen? Oder: Weswegen verfolgen sie ihn?

Freud in der Ich-Verdoppelung, Ich-Teilung und Ich-Vertauschung. Es gibt nicht den einen Freud, und kann ihn auch nicht geben, war er es doch selbst, der eine Theorie der Unmöglichkeit eines homogenen Ichs, eine Theorie der Heterogenität des Selbst entwickelt hat. Nicht Freud, sondern sein *eigenes Ich*, seinen eigenen Friedhofswärter kann die Kryptographie der unerbittlichen Gespenster des Okkultismus und der Wissenschaft nicht zurückhalten. Der Gespenster Platons und Lamarcks, Rousseaus und Jungs … all die Gespenster der Gespensterkette. Das eine Glied zieht das andere nach sich. Ihnen fehlen bloß noch Nummern, wie sie Fußballspieler haben.

102 Freud: »Der Mann Moses und die monotheistische Religion«, 207.

π
ODER … FREUD, FLIESS, SCHREBER, COHEN, DUPIN, LACAN, MARKOV …

1. π: Zahl und Buchstabe

Es wird nicht völlig fehl am Platz sein, *nicht* über den Mathematiker Andrej A. Markov zu sprechen. Nicht über Markov zu sprechen, sondern über seinen *missionarischen* Platz. Über jenen Platz, den er einstmals im Text Lacans innehatte. Um den Platz jenes Platzes zu verstehen, wird es nötig sein, eine ganze Reihe topographischer Umplatzierungen vorzunehmen.

Wie ist es dazu gekommen, dass der Psychoanalytiker Lacan den für ihn grundlegendsten Begriff der symbolischen Ordnung einführte, indem er sich eines Textes von Poe, Edgar Allan Poe, über den Detektiv Dupin bediente und den Petersburger Mathematiker Markov erwähnte? Dupin und Markov – Glieder einer Kette? Wenn die Verbindung der Psychoanalyse mit der Literatur nicht den geringsten Zweifel auslást (was schon verdächtig ist), so rufen die Beziehungen zur Mathematik (auf den ersten Blick) deutliches Befremden hervor. Was kann es zwischen einer Disziplin mit einem unbestimmten, unbestimmbaren Status und der strengen, exakten Wissenschaft an Gemeinsamkeiten geben? Und dennoch gibt es gewisse Plätze, an denen die Psychoanalyse und die Mathematik sich treffen. Diese Plätze des Aufeinandertreffens kann man völlig zu Recht mit dem griechischen Buchstaben π bezeichnen. Und zwar deswegen, weil dieser Buchstabe nicht nur ein Buchstabe ist. π ist *sowohl* Zahl *als auch* Buchstabe. Mehr noch, in ihm ist sowohl der Zufall als auch die Unbestimmtheit enthalten. In ihm ist Unberechenbarkeit und unendliche Teilbarkeit. In ihm ist Wiederholbarkeit. In ihm ist Rhythmus, Periodizität.

Die Periodizität ist einer jener Plätze, an denen sich die Geschichte der Grundlagen der Psychoanalyse entfaltet. Psychoanalytische Thesen sind in der Periodizität beheimatet. Die Periodizität ist der Platz des Aufeinandertreffens zwischen Freud und Fließ.

2. Die Fließ-Freud Perioden: π

Gerade in der Polemik mit dem Berliner Forscher Wilhelm Fließ hat Sigmund Freud seine zukünftige Disziplin herausgebildet. Fließ war besessen von Zahlen, Perioden, Zyklen, Wiederholungen. Er war überzeugt davon, dass die Ereignisse des Lebens von

Periodizität bestimmt sind. Zum bekannten 28-tägigen Zyklus der Frau fügt Fließ den 23-tägigen des Mannes hinzu. Über mehrere Jahre hinweg verfolgt Freud mit großem Interesse die Theorien von Fließ und folgt ihnen sogar. Er ist begeistert von der Idee einer männlichen Menopause (»*die männliche Menopause hat mich riesig gefreut*«)[1]: Er verfolgt die Periodizität seiner eigenen Angstneurose und versteht sie auf der Grundlage eines physiologischen Periodenmodells. Am ersten März des Jahres 1896 teilt Freud seinem zukünftigen Berliner Freund mit: Die Perioden stellen für die Angstneurosen ein physiologisches Vorbild dar (»Meine Angstneurose getraue ich mich erst jetzt zu verstehen, die Periode als ihr physiologisches Vorbild«[2]). Er berechnet das Datum seines Todes durch Migräne auf der Basis der Theorie der kritischen Tage des 23-tägigen Zyklus. Er beobachtet die Schaffensperioden seines Sohnes, hält fest, an genau welchem Tag Martin Gedichte schreibt.

Im Hinblick auf den Platz, an dem Freud auf Fließ' Perioden trifft, ist ein Brief vom 6. Dezember 1896 besonders bemerkenswert.[3] In diesem Brief legt Freud die Theorie des Gedächtnisses dar, die er im Laufe seines gesamten Lebens immer wieder revidieren wird. Er arbeitet an jener Annahme, dass der *psychische Mechanismus* mittels Stratifikation in Erscheinung tritt: »[D]as Material, in Form von Gedächtnisspuren repräsentiert, unterliegt von Zeit

1 Freud, Sigmund: *Briefe an Wilhelm Fließ 1887-1904*, hg. v. Jeffrey M. Masson. Frankfurt a. M. 1986, 184.

2 Ebd., 183.

3 Ebd., 151-156.

zu Zeit in Abhängigkeit von neuen Umständen der *Umordnung* und der *Umschrift*.«[4] Das Gedächtnis bildet eine Vielzahl von Niederschriften. Anders gesagt: Das Ereignis wird mehrere Male niedergeschrieben, mindestens dreimal, aber möglicherweise auch öfter. Die *Niederschriften* sind mit *Neuronenträgern* verbunden. Dabei gilt es, die Beziehungen zwischen den einzelnen Neuronen nicht topisch zu verstehen! Freud zeichnet ein Schema der Herkunft des Signals im psychischen Apparat.[5] Er zeichnet ein vollkommen kybernetisches Schema.

W --- Wz^{I} --- Ub^{II} <--- Vb^{III} --- Bews[6]

In diesem Schema gibt es einen Eingang und einen Ausgang, es gibt sozusagen *Input* und *Output*. Nach diesem Schema wird eine *Botschaft* übermittelt. Nach diesem Schema wird eine *Information* registriert. Das Schema setzt eine Verschiebung der energetischen *Besetzung* voraus. Im Übrigen fallen der Eingang (W – Wahrnehmung) und der Ausgang (Bews – Bewusstsein) zusammen, insofern das Wahrgenommene bewusst wird. Außerdem gibt es nicht nur einen Ausgang: Die Reaktion kann sowohl bewusst als auch automatisch sein. Das erste »Herkunftsgebiet« des Signals bzw. der Eingang ist die Wahrnehmung. Das wahrgenommene Ereignis hinterlässt an diesem Platz keine Spur, weil »Bewußtsein und Gedächtnis [...] [sich] nämlich

4 Ebd., 217.

5 Das Schema wird rasch aus den Briefen in das VII. Kapitel der *Traumdeutung* übertragen.

6 Freud: *Briefe an Willhelm Fließ*, 151.

ausschließen«.[7] Entweder du nimmst wahr, oder du behältst in Erinnerung. Das zweite Herkunftsgebiet ist das *Gebiet der Wahrnehmungszeichen* (Wz). Dies ist der Platz der ersten Niederschrift. Sie erfolgt entsprechend den Assoziationen der Gleichzeitigkeit, d. h. der Nachbarschaft der Ereignisse, der Umstände, des Zusammenfalls von Objekten und Zeichen der Umgebung insgesamt. Die darauf folgende Niederschrift findet im Unbewussten statt. Sie ereignet sich, so nimmt Freud an, im Verhältnis zu kausalen Beziehungen. Die unbewussten Spuren werden etwa gemäß den *Begriffserinnerungen* niedergeschrieben.

Die nächste Niederschrift, die dritte Umschrift, erfolgt im Vorbewussten und ist verbunden mit sprachlichen Vorstellungen. Sie hat bereits einen Bezug zu *unserem offiziellen Ich*. Diese Umschrift bringt erneut das Bewusstsein ins Spiel, dieses Mal schon das niederschreibende Bewusstsein[8] als »*sekundäres Denkbewusstsein*«, sekundär im Hinblick auf die Zeit, auf das nach dem Vorgang Vorgehende (»*ein der Zeit nach nachträgliches*«),[9] ein Bewusstsein nach dem Bewusstsein, welches keine Spuren hinterlassen hat. Dies aber hängt, nach Freuds Annahme, mit der halluzinatorischen Aktivität der sprachlichen Vorstellungen zusammen, da die »Bewußtseinsneuronen wieder Wahrnehmungsneu-

7 Ebd., 218.

8 Die im russischen Original an dieser Stelle verwendete Betonung des »Mit-« im Wort »Bewusstsein« (russ. so-znanie; vgl. lat.: con-scius) ist im Deutschen leider nicht möglich. Anm. d. Ü.

9 Freud: *Briefe an Willhelm Fließ*, 151.

ronen und an sich ohne Gedächtnis wären«.[10] Nach so einer Herkunft des Signals und seiner Umschrift geht Freud, seine Erwägungen fortsetzend, zum System der Umschrift auf einer anderen – der ontologischen – Ebene über.

Die Umschrift findet gemäß der psychosexuellen Entwicklung statt. »An der Grenze von zwei solchen Epochen muß die Übersetzung des psychischen Materials erfolgen«,[11] die Umordnung, die Umschrift. Eine nicht gelungene Übersetzung ist dann eben eine psychische Störung. Ein Fehler in der Umschrift.

Jede nachfolgende Aufzeichnung in diesem Palimpsest, jede *Überschrift*, impliziert eine vorgängige Aufzeichnung, die die Erregung von ihr nimmt.[12] Falls die vorhergehende Aufzeichnung fehlt, findet keine weitere Entwicklung statt, und es wirkt eine Art psychisches Relikt weiter, das Freud *Überlebsel*

10 Ebd., 152.

11 Ebd., 151.

12 Hier darf ein Fragment meines privaten Berliner Gesprächs mit Professor V. A. Uspenskij, Schüler von A. N. Kolmogorov, wiederum Schüler von A. A. Markov, nicht unerwähnt bleiben. Dank Vladimir Andreevič habe ich, so scheint es, begonnen, die Ketten Andrej Andreevičs Markovs zu verstehen. Hier ist ein Teil dieses Gesprächs:
„V. A. U.: Was denken Sie, existiert der Buchstabe im Wort an sich oder enthält er Spuren des ihm vorausgehenden Buchstabens?
Ich: Ich denke, er enthält Spuren.
V. A. U.: Sehen Sie! Darauf gründen sich auch die Berechnungen Markovs.
Ich: Dieses Prinzip wirkt auch in der Psychoanalyse! Der Signifikant enthält sozusagen Möglichkeiten des Erscheinens anderer Signifikanten.«

nennt.[13] Das Überlebsel füllt die Leerstelle im Archiv. Das Überlebsel ist ein herumirrender Signifikant. Das Überlebsel ist Spur einer nicht gelungenen Übersetzung.

Eine nicht gelungene bzw. ausbleibende Übersetzung bezeichnet Freud als Verdrängung. Der Grund der Verdrängung ist ein wahrscheinliches Unbehagen. Wenn die Übersetzung zu einem Unbehagen führt, ist es besser, gleich gar nicht zu übersetzen. Wenn die Erinnerung an ein Ereignis Unbehagen hervorruft, ist sie nicht zu übersetzen. Als ob es hier nichts zu übersetzen gäbe!

Nachdem Freud den hauptsächlich sexuellen Charakter der nicht zu übersetzenden Ereignisse hervorhebt, wendet er sich den Periodentheorien von Fließ zu. Es setzen die Berechnungen und die Ziffern ein. Freud setzt die Entwicklungsetappen des psychischen Apparats, d. h. die Entwicklungsetappen des Übersetzungssystems, in Beziehung zu psychischen Störungen. Dabei fällt die psychische Entwicklung nicht mit der sexuellen zusammen. Die Annahme lautet: Zwei Entwicklungen formieren

13 Im Jahr 1939 schreibt Freud in *Der Mann Moses und die monotheistische Religion*, dass die Neurose »im gewissen Sinne ein menschliches Vorrecht ist und in dieser Betrachtung als ein Überbleibsel (*survival*) der Urzeit erscheint wie gewisse Bestandstücke der Anatomie unseres Körpers«. Freud, Sigmund: »Der Mann Moses und die monotheistische Religion«, in: GW XVII, Frankfurt a. M. 8. Aufl. 2006, 190. Die Idee psychischer Rudimente selbst ist, unserer Ansicht nach, für Freud nichts anderes als ein psychisches Rudiment. Ein Rudiment des *Entwurfs einer Psychologie* des Jahres 1895. Ein Rudiment und eine inkorporierte Niederschrift des Verhältnisses mit Lamarck, Ferenczi und Jung.

sich gemäß unterschiedlicher Perioden, der sexuellen, 28-tägigen weiblichen, und der psychischen, 23-tägigen männlichen. Außerdem ist die 28-tägige Periode für das Unbehagen, die 23-tägige für die Lust verantwortlich. Die Perioden bezeichnet Freud mit dem griechischen Buchstaben π.

Mit der Verschlechterung seiner Beziehung zu Fließ lässt Freud die Berechnungen fallen, stellt seine Nachforschungen zu den Berechnungen seines Freundes ein. Er rechnet mit ihm ab. Den rationellen Grund für die Unlust weiterzurechnen liefert das Fehlen eines mathematischen Gedächtnisses. Diese Rationalisierung bringt Freud im Brief vom 19. September des Jahres 1901, als er schreibt, dass er nicht die Spur mathematischer Fähigkeiten habe, kein Gedächtnis für Ziffern und Mengen (»[I]ch habe von quantitativer Begabung keine Spur und für Zahlen und Maße kein Gedächtnis«).[14]

Die Mathematik tritt in den Schatten, sie geht über in den Bereich mystischer Vorahnungen, tritt in den Kreislauf von Zwangsneurosen ein. In der Zone irrationaler Berechnungen bleibt die Erwartung des Todes, die Berechnung der Periode bis zum Zusammentreffen mit ihm. Das Gespenst von Fließ beginnt Freud zu verfolgen.[15] Das Gespenst ist mächtiger als das Lebendige. Das Gespenst ist beharrlich. Man kann ihm nicht entkommen.

Die Thanatophobie legt das Datum des Todes fest. Nein. Sie legt es nicht fest. Sie bestimmt es. Be-

14 Freud: *Briefe an Willhelm Fließ*, 494.

15 Details dieser Epopöe sind im Buch des behandelnden Arztes von Freud, Max Schur, zu lesen; Schur, Max: *Freud: Living and Dying*. New York 1972, 34.

stimmt es voraus. Denn man muss als Erster auf ihn zugehen. Ihm begegnen mit dem eigenen π.

3. Ideal-Psychoanalyse: von der Physik zur Mathematik

Im selben Maß wie Freud seine neuen Theorien ausarbeitet, im selben Maß wie er mit Fließ polemisiert, strebt er danach, seine Überlegungen im Schoß der exakten Wissenschaften zu fundieren. Dieser Geburtsort soll die neue Disziplin legitimieren. Die Neuronen des psychischen Apparates werden sowohl aus dem topographischen System der Überlegungen hinausgeführt, als sie andererseits auch in ihm verbleiben, da sie dem Territorium der Physik, der Physiologie zugeschrieben sind.

Neuron ist das griechische Wort für *Nerv*. Das Neuron ist die Grundstruktur und funktionale Einheit des Nervensystems. Das Neuron ist die Nervenzelle, ein physischer Platz. Es leitet den nervösen Impuls von den Rezeptoren ins zentrale Nervensystem und von dort zu den ausführenden Organen. Der *Neuronenträger* erlaubt auf eine bestimmte Art die Ausführung der *Bahnung* des psychischen Ereignisses und prägt sich so dabei seine Spur ein. Der physische Platz archiviert den Nicht-Platz.

Im Sommer/Herbst 1895 schreibt Freud ein Manuskript, das später den Titel *Entwurf einer Psychologie* tragen wird. Dieser Entwurf ist der Versuch, die Funktion des psychischen Apparates als System von Neuronen und Prozessen, die im psychischen Apparat ablaufen – die Wahrnehmung, das Gedächtnis, das Denken, die Emotionen, die Psychopathologie – mit quantitativen Parametern zu beschreiben. Freud versucht, die Theorie der Neuronen, die Psychologie und die Physiologie des Gehirns zu vereinen. Als er 1878 im Labor von Brücke arbeitet, ist Freud unweit der Entdeckung der Neuronen. Die Physiologie von Brücke, der als Botschafter von Helmholtz[16] in Wien betrachtet wurde, gründete sich auf Ideen aus dem Bereich der Physik; die Möglichkeit, all diese Phänomene zu messen, erschien als Ideal. Im Jahr 1884 hielt Freud an der Meinung fest, dass die Zelle und der Nervenstrang sowohl eine anatomische als auch eine physiologische Einheit bilden. Man kann Freud zu Recht als einen Vorgänger der Neuronentheorie betrachten, die 1891 von Heinrich Wilhelm Waldeyer erarbeitet wurde. Außerdem ist der Begriff *Kontaktschranke*, den er in seinem *Entwurf* einführt, nahe (wenn auch nicht äquivalent mit) dem Begriff Synapse, der 1897 von Sherrington in den wissenschaftlichen Diskurs eingeführt wurde. Die Kontaktschranke leistet dem Signal Widerstand, ermöglicht den erschwerten Durchgang der Menge (der Reize), hinterlässt dabei – teilweise – Spuren. Mithilfe der Kontaktschranke wird die Erregung, die durchzieht, *sich den Weg bahnt*, niedergeschrie-

16 Hermann Ludwig Ferdinand Helmholtz (1821-1894), Autor grundlegender Arbeiten zur Physik, Biophysik, Physiologie und Psychologie, hat 1874 das Gesetz der Energieerhaltung mathematisch fundiert. Er hat die thermodynamische Theorie chemischer Prozesse erarbeitet, und die Begriffe der freien und gebundenen Energie eingeführt. Er hat als Erster die Ausbreitungsgeschwindigkeit des Nervenimpulses gemessen.

ben. Die Kontaktschranke gehört den Neuronen Ψ an, d. h. dem System, das sich im Weiteren in das System Ubw. transformiert. In den Worten Lacans:

> Freud hat versucht, auf dieser Basis eine Theorie des Funktionierens des Nervensystems aufzubauen, indem er zeigte, daß das Gehirn als Puffer-Organ zwischen dem Menschen und der Realität wirkt, als Homöostat-Organ. Und dann stößt er, dann prallt er auf den Traum. Er stellt fest, daß das Gehirn eine Maschine zum Träumen ist.[17]

Freud sagt sich jedoch schon bald davon los, den psychischen Apparat in dem Vokabular der Neurophy-siologie vorzustellen, deren grundlegende Begriffe die Menge und die Neuronen sind. Die Absage an die neurophysiologische Terminologie bringt Freud das Gefühl der Freiheit, der Befreiung. Die Tore in die Psychoanalyse öffnen sich. Am 20. Oktober 1895 schreibt er an Fließ:

> In einer fleißigen Nacht der verfloßenen Woche, *bei jenem Grad von Schmerzbelastung, der für meine Hirntätigkeit das Optimum herstellt*, haben sich plötzlich die Schranken gehoben, die Hüllen gesenkt, und man konnte durchschauen vom Neurosendetail bis zu den Bedingungen des Bewußtseins. Es schien alles ineinander zu greifen, *das Räderwerk paßte zusammen, man bekam den Eindruck, das Ding sei jetzt wirklich eine Maschine und werde nächstens auch von selber gehen.*[18]

17 Lacan, Jacques: *Das Seminar. Buch II (Das Ich in der Theorie Freuds und in der Technik der Psychoanalyse)*. Olten 1980, 101.

18 Freud: *Briefe an Willhelm Fließ*, 115, kursiv V. M.

Dieses halluzinatorische Bild eröffnet den Weg eines neuen wissenschaftlichen Paradigmas, einer neuen Diskursivität. Ihr Gott bleibt der Logos, aber die logische Maschine ist jetzt in einer anderen Tonart denn der physischen gestimmt. Die Treue zum Geist der Wissenschaft bleibt Freud, trotz seiner Hinwendung zur Literatur, zur Archäologie, zur Kunst, zur Folklore, zur Mythologie. Es hat eine neue *Maschine* zu arbeiten begonnen. Und zwar selbstständig. Als Ergebnis taucht *Die Traumdeutung* auf. Das Unbewusste der Maschine erzeugt (den) Sinn.

Wenn es Freud nicht gelungen ist, die Psychoanalyse in den Bereich der exakten Wissenschaft zu führen, so stellt Lacan in der Nachfolge den Versuch an, die Metapsychologie zu formalisieren, sucht dabei Zuflucht bei Formeln, Topologien und Mathemen. Nur mithilfe eines Mathems kann man ein bestimmtes Integral, eine bestimmte Ganzheit wiedergeben. Lacan sagt: »Die Mathematisierung allein reicht an ein Reales – und darin ist sie kompatibel mit unserem Diskurs, dem analytischen Diskurs […].« Dabei versteht Lacan das Reale nicht im üblich angenommenen Sinn. Das Reale ist für ihn jenseits der symbolischen Schleier, in der Halluzination. Das Reale ist »das Geheimnis des sprechenden Körpers, das ist das Geheimnis des Unbewußten«.[19]

Wir haben die Überlegungen mit einer doppelten Berufung Lacans anlässlich der Einführung des Symbolischen begonnen. Bedingt kann man diese Bezugnahme ab »Dupin-Markov« bezeichnen. Lacan formuliert die Kategorie des Symbolischen in zwei prinzipiellen Zugängen. Der eine ist mit der Lin-

19 Lacan: *Das Seminar. Buch II*, 141.

guistik verbunden. Der andere mit der Mathematik.

Es ist üblich anzunehmen, dass der linguistische Zugang, der auf einer Revision der Modelle de Saussures und Jakobsons basiert, in den 1950er Jahren vorherrscht und der mathematische in den 1970ern. Beide Zugänge treffen jedoch Mitte der 1950er Jahre zusammen. Dupin und Markov sind derselben Serie von Texten zugeschrieben. Lacan interessiert sich für Mathematik und Kybernetik schon von Beginn der 1950er Jahre an. Dieses Interesse ist nicht nur verbunden mit der aktiven Entwicklung dieser Disziplinen, nicht nur mit der Freundschaft mit Riguet und Guilbaud, sondern auch mit der gemeinsamen Arbeit mit Lévi-Strauss und Benveniste an den Strukturen. Der Strukturalismus, die Kybernetik, die Topologie müssen die Verbindung zwischen geisteswissenschaftlichem Wissen und der Mathematik herstellen.

In der Analyse des Falls Dupin erwähnt Lacan Andrej Andreevič Markov den Älteren, der übrigens im selben Jahr wie Freud geboren wurde. Aber den Interessen nach vielleicht gar näher der erwähnte Andrej Andreevič als seinen ohnehin schon verdoppelten Namen wiederholende Sohn Andrej Andreevič stehen können, der zwei Jahre nach Lacan geboren wurde. Der jüngere Markov, Sohn Markovs des Älteren, der sich mit Topologie und mathematischer Logik beschäftigte.

Lacan wendet sich an die Mathematik im Bestreben, die Psychoanalyse zu formalisieren. Dabei ist diese Formalisierung nicht darauf gerichtet, der Doppeldeutigkeit der Sprache Herr zu werden, sondern darauf, den Effekt der Bedeutungsvielfalt zu erzeugen. Die Mathematik dient Lacan als Paradigma des wissenschaftlichen Diskurses, als Form der Weitergabe von Wissen. Wittgensteins Satz 4.1212 analysierend, der auf die Opposition zwischen Zeigen und Erzählen hinweist – »Was gezeigt werden kann, kann nicht gesagt werden«[20] – macht Lacan auf eine algebraische Formel aufmerksam, auf ein Mathem, als ein Mittel, diese Opposition zu überwinden. Das Mathem erzählt, indem es zeigt; es zeigt, indem es erzählt. Außerdem ist das Mathem auch eine Wissensformel, gegensätzlich zum Mythem Lévi-Strauss'. Nach Lacans Überlegungen muss das Mathem bei der Weitergabe von psychoanalytischem Wissen mitwirken.[21] Die Hinwendung Lacans zur Mathematik zielt nicht auf die Formalisierung der Psychoanalyse. Das Theorem Gödels ist ihm wohl bekannt. Die Gefahr der totalen Systematisierung ist ihm wohl bekannt. Die Absage Freuds von der Beschreibung des psychischen Apparates mit der Sprache der Physik ist ihm in Erinnerung.

Wenn das Reale in Halluzinationen erscheint, wenn es das Mysterium des Unbewussten ist, so ist die Psychoanalyse dazu verpflichtet, sich mit dem Realen zu befassen. Aber was soll hier die Mathematik? Welche Rolle spielt Andrej Andreevič Markov? Ist es denn so, dass das Zählen auf den Übergang von der Welt des Wachzustandes in die Welt der Träume einwirkt? Wir zählen die Elefanten, die

20 Wittgenstein, Ludwig: *Tractatus logico-philosophicus. Logisch-philosophische Abhandlung.* Frankfurt a. M. 1994, 42.

21 Vgl. Glynos, Jason/Stavrakakis, Janis: »Postures and Impostures: On Lacan's Style and Use of Mathematical Science«, in: *American Imago*, 58/3 (2001), 685-706.

Schafe, die Katzen. Wir zählen, wie wir beten. Eins, zwei, drei …

4. Probleme mit der Realität

Eins, zwei, drei … beschwören wir die Welt der Realität. Wir beschwören … Aber halt … Was ist das gleich für eine Realität? Hier also sehen wir noch einen Wesenszug, der die Psychoanalyse mit der Mathematik verbindet. Es ist dies: das Problem der *Realität.*

Wie ist das Verhältnis zwischen mathematischer Abstraktion und Leben? Was gibt es Gemeinsames zwischen der Welt der Zahlen und Formeln und dem sogenannten realen Leben?

Die Problematik der Realität taucht – sich auflösend – in der Psychoanalyse in dem Moment auf, als Freud 1897 zur Anerkennung der *psychischen Realität* kommt. Im Psychischen (im Unbewussten) ist kein Unterschied zwischen der (objektiven) Welt der Fakten und der (subjektiven) Welt der Phantasmen. Genau das ist immer schon (die) Realität. Die psychische Realität ist das, was man sich als Realität *vorstellt*, das, was sie in der Verdoppelung, in den Vorstellungen, Erinnerungen, *Schlussprozessen* konstruiert. Die Abstraktion, die Entfremdung von der Realität, ist die Sphäre der Psychoanalyse und der Mathematik. Das Wort und die Zahl, die Wörter der Zahlen und die Zahlen der Wörter sind der Inhalt, wie Freud 1939 sagen wird, des Reichs des Geistes (»das neue Reich der Geistigkeit«).[22]

22 Freud: »Der Mann Moses und die monotheistische Religi-

Die Probleme mit der sogenannten konventionellen Realität können uns an eine andere Stelle, können uns *auf einen anderen Platz*, und zum Verlust der Vorstellung von »Realität« führen, zur Absage davon, was Resultat der Verdoppelung war, denn das Unbewusste interessiert sich nicht für diese konventionellste Realität.

Die Mathematik jedoch befindet sich in *direkter Verbindung* mit dem Realen. Als abstrahierte, von der Realität äußerst weit entfernte, exakte Wissenschaft hat sie »die stärkste Beziehung zu dieser Funktion des Realen«.[23] Dies ist das Paradoxon der örtlichen Befindlichkeit: je weiter, desto näher. Was ist das für ein Reales, dem du dich nur annäherst, indem du dich entfernst?

Das Reale ist, für Lacan, ein Etwas, das sich immer an ein und demselben Platz befindet. Es ist, als ob das Reale mit der Mathematik geboren wird und mit der Beobachtung der Umwelt verbunden ist: »Immer zur selben Nachtstunde wird man diesen Stern auf jenem Meridian wiederfinden, er wird dahin zurückkehren, er ist immer da, er ist immer derselbe.«[24] Gerade die Anerkennung der Unveränderlichkeit, der Wiederholbarkeit, führt zur Entstehung der exakten Wissenschaften:

> Die Grenze wurde überschritten, als der Mensch gewahr wurde, daß seine Riten, Tänze und Beschwörungen wirklich umsonst waren in der Ordnung. Hat er recht oder hat er unrecht? Wir wissen davon nichts. Aber es ist wohl sicher, daß

on«, 221.

23 Lacan: *Das Seminar. Buch II*, 376.

24 Ebd., 377.

> wir nicht mehr die alte Überzeugung haben. Denn seitdem ist die Perspektive der exakten Wissenschaften entstanden.[25]

Die Wissenschaft schafft das Ritual ab. Jedoch bleibt das Ritual erhalten. Seine Zwanghaftigkeit gerade ist es, die sich mit dem Automatismus der Wiederholung verbindet. So koppelt das Ritual an das *Reale* einen anderen Platz, eine andere Psychoszene.

Der andere Platz setzt bereits eine Topologie voraus. Diese taucht in der Psychoanalyse jedoch natürlich nicht in Verbindung mit Lacan, sondern in der Verbindung mit Freud auf. Sie übt im Wesentlichen seit der Entstehung der Psychoanalyse ihre Funktion aus. Da er versteht, dass die Psyche der unmittelbaren Erforschung unzugänglich ist, wendet sich Freud der systematischen Modellierung zu, der Errichtung eines psychischen Apparates. Er spricht von psychischen Örtlichkeiten, die nicht mit physischen, in der Anatomie relevanten Örtlichkeiten verwechselt werden sollten.

Der topologische Raum ist nicht auf zwei- oder dreidimensionale Figuren der euklidischen Geometrie beschränkt. Wenn Freud über seine Topiken spricht, unterstreicht er: Die Rede ist von Nähen, Nachbarschaften, Entfernungen, Wechselbeziehungen und nicht von Örtlichkeiten des physischen Raums. Lacan spricht von der Topologie als rein spekulativem Anschauungsmittel der Vorstellung von Struktur, die vorrangige Bedeutung für das Verständnis der Arbeit der symbolischen Ordnung hat. Lacan kritisiert Freud wegen der überflüssigen Anschaulichkeit seines bekannten topologischen Schemas aus der Arbeit *Das Ich und das Es*. Dieses

25 Ebd.

Schema, welches die Mehrheit für bare Münze genommen hatte, versteht Lacan als eine unmittelbare Illustration des Psychischen. Die Leser, denen dies entgeht, lassen sich vom Imaginären verführen. Davon zeugt die derzeitige Verdrängung des Begriffs des *Unbewussten*, seinen Ersatz durch das Unterbewusste, einen Terminus, von dem Freud forderte, ihn nicht zu verwenden, da er als Schmuggelware die physische Örtlichkeit in die psychoanalytische Topik importiere. Im Jahre 1926 schreibt Freud:

> Wenn jemand vom Unterbewußtsein spricht, weiß ich nicht, meint er es topisch, etwas, was in der Seele unterhalb des Bewußtseins liegt, oder qualitativ, ein anderes Bewußtsein, ein unterirdisches gleichsam.[26]

Diese Schmuggelware ist übrigens heutzutage schon legalisiert. Das Unterbewusste hat im wissenschaftlichen und okkulten Diskurs das Unbewusste verdrängt. Das Unterbewusste hat einen Platz eingenommen, an dem es niemals ein Unbewusstes gab.

Das Unbewusste hat keinen Platz. Zum Verständnis der unbewussten Prozesse wendet sich Freud an die Schizophrenie. Im Aufsatz *Das Unbewusste* schreibt er davon, dass bei der Schizophrenie die wörtlichen Vorstellungen gegenüber den gegenständlichen vorherrschen.[27] Die Ähnlichkeit des wörtlichen Ausdrucks und nicht die Ähnlichkeit der bezeichneten Dinge schreibt den Ersatz vor. Die be-

26 Freud, Sigmund: »Die Frage der Laienanalyse«, in: ders.: *Abriß der Psychoanalyse*. Frankfurt a. M. 1994, 225.

27 Freud, Sigmund: »Das Ich und das Es«, in: ders.: *Das Ich und das Es. Metapsychologische Schriften*. Frankfurt a. M. 1992, 117-153.

wusste Vorstellung vom Objekt zerfällt in eine wörtliche und eine gegenständliche. Zwei Typen von Signifikanten überdeterminieren einander. Das Reich der Wörter, Zahlen und Bilder hängt nicht von den Denotaten ab. Der Mensch taucht in eine letztlich menschliche Welt, in, wie Freud in der Arbeit *Der Mann Moses und die monotheistische Religion* schreibt, ein neues Imperium des Geistes, »das neue Reich der Geistigkeit« ein, in dem Vorstellungen, Erinnerungen und *Schlussprozesse* regieren.[28] Der Mensch ist ein schizophrenes Wesen, ein von der psychischen Örtlichkeit abstrahiertes.

Die mathematische Realität ist von der empirischen Realität befreit. Diese ideale Realität ist der psychischen Realität ähnlich. Zwischen dem Wachen und dem Wahntraum, zwischen der normalen Wahrnehmung und der Halluzination gibt es keinen Unterschied. So beschreibt Husserl die Arbeit des Geometers:

> Der Geometer, der seine Figuren auf die Tafel malt, erzeugt damit faktisch daseiende Striche auf der faktisch daseienden Tafel. Aber sowenig wie sein physisches Erzeugen ist sein Erfahren des Erzeugten, qua Erfahren, begründend für sein geometrisches Wesensschauen und Wesensdenken. Daher ist es gleich, ob er dabei halluziniert oder nicht, und ob er statt wirklich zu zeichnen, sich seine Linien und Konstruktionen in eine Phantasiewelt hineinbildet. Ganz anders der Naturforscher.[29]

28 Freud: »Der Mann Moses und die monotheistische Religion«, 221.

29 Husserl, Edmund: *Ideen zu einer reinen Phänomenologie.* Hamburg 1992, 21.

Der Mensch als *Eigentliches* ist ein Geometer, ein Mathematiker, der mit dem Kopf in dieses Imperium gegangen ist, in dieses Empyreum.[30] Was ist denn Erstaunliches im gewöhnlichen Bild eines verrückten Mathematikers? Das Bild von jemandem, der das *Realitätsgefühl* verloren hat, ist die Norm. Der Verlust des Realitätsgefühls ist die Annäherung an den Begriff des Realen. Dies ist die Geschichte des Mathematikers Cohen aus dem Film *π* (1998) von Darren Aronofsky.[31]

5. π-riodizität

Die Geschichte beginnt mit der Erinnerung an eine traumatische Szene. Max Cohen:

> 9:13. Persönliche Information. Als ich klein war, hat die Mutter mir gesagt, ich soll nie in die Sonne schauen. Aber mit sechs hab ich es trotzdem getan. Die Ärzte wussten nicht, ob

30 Das *Empyreum* ist nach den kosmogonischen Vorstellungen der alten Griechen der höchste Teil des Himmels, der mit Feuer und Licht erfüllt war.

31 Interessanterweise spricht Darren Aronofsky in seinen Interviews von seinem beharrlichen Interesse an der Zahl π. Dabei unterstreicht er selbst, dass er Filmregisseur und nicht Mathematiker ist und deshalb im Film die Mathematik aufhört, Mathematik zu sein. (Trotz der Festivalerfolge wurde der Film von den Kritikern nicht freundlich aufgenommen. Der eine beschwerte sich darüber, dass der Film zu schwierig sei, der andere darüber, dass Aronofsky die Mathematik darin falsch dargestellt habe. Interessant ist die Parallele zu Lacan, der für die einen seiner Gegner zu schwierig ist, für die anderen die Mathematik in der Psychoanalyse falsch dargestellt hat. Vgl. Glynos/Stavrakakis: *Postures and Impostures.*)

sie meine Augen jemals wieder würden beleben können. Ich war in Panik. Alleine. In der Dunkelheit. Langsam begann das Tageslicht durch die Binden zu treten, und ich konnte sehen. Aber in mir hat sich etwas geändert. An diesem Tag hatte ich zum ersten Mal Kopfschmerzen.[32]

32 Schon an dieser Stelle, an diesem Platz, ganz am Anfang, beginnt die Geschichte an die auf den ersten Blick gänzlich unähnliche Geschichte des Senatspräsidenten Schreber anzuklingen. Die Sonne mit ihren Strahlen spielt im System Schrebers eine primäre Rolle. Freud nennt den allmächtigen Himmelskörper »ein sublimiertes Symbol des Vaters« (Freud, Sigmund: »Psychoanalytische Bemerkungen über einen autobiographisch beschriebenen Fall von Paranoia (Dementia paranoides)«, in: ders: GW VIII. Frankfurt a. M. 8. Aufl. 1990, 239-320, hier 290). Freud erwähnt noch zwei seiner Patienten, deren Geschichte mit der Sonne verbunden ist. Einer von ihnen hat den Vater im sehr jungen Alter verloren und suchte sein ganzes Leben lang, ihn »in *allem Großen und Erhabenen der Natur* wieder zu finden« (kursiv V. M.); der andere erlebte, nachdem er seinen Vater verloren hatte, den ersten Angst- und Schwindelanfall (ähnlich wie Max, dessen Vater, der übrigens im Filmgeschehen überhaupt *nicht* erwähnt wird, als ob es ihn gar nicht gäbe) genau in dem Moment, als »ihn die Sonne beschien« (ebd., 143). Die Sonnenblindheit verweist gewissermaßen auf die Unmöglichkeit der Betrachtung des Namens des Vaters, auf seine Verwerfung (»forclusion«) a priori.
Für Lacan ist das Fehlen der väterlichen Metapher, des Namens des Vaters, mit der mütterlichen Anerkennung nicht so sehr des Namens des Vaters verbunden, als vielmehr seiner Sprache, seiner Autorität, d. h. des Platzes, der für die symbolische Funktion des Vaters reserviert ist, die mit dem Gesetz einhergeht. Am Platz des Namens des Vaters ist bei den Paranoikern ein Loch. Den Platz der väterlichen Metapher, die eben nicht in Erscheinung tritt, hat die »Wahnmetapher« inne. In seinen Memoiren, die er im Klinikum Sonnenstein (sic!) schrieb, in dem er sich von 1894 bis direkt zu seinem Tod im Jahre 1911 befand, teilt Schreber mit, dass er stän-

Max verlor das Augenlicht, nachdem er das Verbot der Mutter übertreten hatte. Der Blick in die Sonne hat ein Symptom geboren: Seither quälen ihn unerträgliche Migräneanfälle.[33] Aber es hat sich noch etwas geändert: Seine Augen begannen, sich anders zu

dig mit der Sonne kommuniziert, Drohungen und Beleidigungen an sie adressiert, ihr befiehlt, sich zu verkriechen, sich zu verstecken, zu ihr in agonistische Beziehung tritt; er spricht davon, dass »die Sonne vor ihm erbleicht« (ebd., 142). Unserer Ansicht nach wichtig ist dabei, dass die Sonne spricht.
Gerade das erklärt, zu einem höheren Grad als das jungsche mythologische System, dem Freud sich ebenso zuwendet, die symbolische Funktion der Sonne, die Funktion des Vaters. Genau diese mündlich ausgesprochenen Worte erlauben es Schreber, die Sonne zu beherrschen, zwingen ihre kastrierenden Strahlen, zu verbleichen: Wenn er von Angesicht zu Angesicht vor ihr steht und spricht, erbleichen die Strahlen (»Ihre Strahlen erbleichen vor mir, wenn ich gegen dieselbe gewendet laut spreche.« Ebd., 142.)

33 Die Verletzung des Gesetzes der Mutter – nicht in die Sonne zu schauen – kann man als ein Gesetz erachten, das die Kastration verbietet, die es wiederum ermöglicht, in die eigentlich menschliche Welt des Symbolischen zu gelangen. Die Verletzung des mütterlichen Gesetzes führt eben genau dazu, dass Max der Gefühlswelt gegenüber erblindet (er hat – mit Ausnahme seines Lehrers – keine Freunde, keine Familie) und in die ›reine Welt des Symbolischen‹ gerät. Das Sonnenlicht erlaubt es, Objekte zu sehen, es schaft die Bedingungen für den Blick. Die Blindheit ist das Weltende. Bei der Beschreibung der Mechanismen der Paranoia Schrebers weist Freud auf die Entfernung der Libido vom Objekt hin und auf die Regression zum Narzissmus, der sich im Größenwahn äußert. Wichtig ist, dass die restliche Gebundenheit an das Objekt bewahrt bleibt (im Gegensatz zur Schizophrenie mit der Regression zum Autoerotismus): Die Welt übt weiterhin Einfluss aus, und der Paranoiker ist gezwungen, auf die umgebenden rationalen Systeme zu projizieren.

öffnen. De facto ist er der physischen Realität gegenüber erblindet, um dafür die Begabung mathematischen Sehens[34] zu erhalten; er (er)blickt das Reale.

Zweite Szene: Ohne sich anzustrengen, führt Max schwierige Rechnungen durch. Ein kleines Mädchen stellt ihm mathematische Aufgaben, er kann kaum sehen. Er hört die Stimme. Er ist der äußeren Welt gegenüber erblindet, dem gegenüber, was im Sonnenlicht geboren wird.

Im Laufe des Filmes erzählt Max die traumatische Szene dreimal. Beim zweiten Mal hat die Geschichte eine andere Fortsetzung.[35] Und diese Fortsetzung beschreibt nicht nur die Erleuchtung, sondern überlagert auch die Zeiten:

> 9:13. Persönliche Information. Als ich klein war, verbot mir meine Mutter, in die Sonne zu schauen. Aber mit sechs hab ich es trotzdem gemacht. Zu Beginn war das Licht unerträglich, aber das war mir vertraut. Ich schaute, zwang mich dazu, nicht zu blinzeln, und da wurde die Helligkeit geringer. Meine Pupillen verwandelten sich in Nadelspitzen, und ich konnte alles sehen. Und einen Augenblick lang habe ich verstanden. Meine neue Hypothese: Falls wir aus Spiralen geschaffen sind und in einer gigantischen Spirale leben, dann ist in allem, womit wir in Berührung kommen, eine Spirale.

34 Russ. vídenie = Sehen; vidénie = Vision. Der Text verwendet den erstgenannten Begriff, jedoch gerade mit der Intention zu zeigen, wie mit dem Grad der Exaktheit der Wissenschaft das Maß an irrationalen Anteilen zunimmt. Anm. d. Ü.

35 Nicht zufällig bittet Freud seine Patienten, »ein und dieselbe Geschichte« mehrere Male zu wiederholen.

Max dreht sich entlang der Zeitspirale, gelangt so in die Gleichzeitigkeit mit dem Unbewussten. Die Pupillennadeln schließen die Zeiten zusammen, indem sie alles, was sie berühren, in eine Spirale verwandeln.

Beim dritten Mal bricht die sich wiederholende Erinnerung ab: »17:22. Persönliche Information. Als ich klein war, hat mir die Mutter verboten, in die Sonne zu schauen. Aber mit sechs hab ich es trotzdem gemacht.« Die Erinnerung wird durch den Akt einer paranoiden Autoaggression unterbrochen, durch einen Akt, der die Zwanghaftigkeit der Wiederholung auflöst: Ein Elektrobohrer bohrt einen Weg ins Gehirn, bahnt einen Weg in die physische Örtlichkeit. Nach diesem realen oder phantasmatischen (was in der psychokinematographischen Realität völlig bedeutungslos ist) Selbstmord trifft Max in der abschließenden Episode des Films ein Mädchen, Jenny, die ihm erneut ein Rätsel aufgibt. Jetzt ist er tot und kann in die Welt zurückkehren, in die reale Welt: Er kann das Mädchen sehen, er kann keine Aufgaben lösen.[36]

Die traumatische Szene ist nicht die einzige, die man zum zwanghaft sich Wiederholenden in π in Beziehung setzen kann. Der ganze Film ist im Hinblick auf den Rhythmus mathematisch, nicht nur

36 Schreber kann »nach seiner Genesung« »ruhig in die Sonne sehen« (Freud: »Psychoanalytische Bemerkungen über einen autobiographisch beschriebenen Fall von Paranoia«, 318): »Ruhig« deshalb, da Schreber eben im Kampf mit der Sonne »ohne Probleme beständig in sie schauen konnte« und »in gesunden Tagen« dies nicht möglich war, wie »wohl bei anderen Menschen« (Schreber zit. n. ebd., 289).

der Rhythmus der Montage, nicht nur der Rhythmus der Musik, sondern auch der Rhythmus der zwanghaften Wiederholung ein und derselben Episode.

Diese Episode erzeugt eine Zeitmaschine, Stunden, markierende Perioden. Der Erzähler erinnert beharrlich daran: 9:55; 10:12; 5:30 usw. Zusätzlich sehen wir noch eine sich ständig wiederholende Geste: Der Finger drückt auf die *Return*-Taste – »Rückkehr«. Es ist, als würde der Zuschauer zu *genau denselben Punkt* zurückkehren. Es gibt nichts außer Wiederholungen. Die Zwanghaftigkeit regiert über die Kinowirklichkeit selbst.

Worin besteht der Zwang des Mathematikers? Auf welche Ringbahn ist Max Cohen geraten? Wie geriet er in diese Umringung? Das Sujet des gesamten Films ist der Zwang, die Verfolgung. Sogar die Auflösung und der Schnitt sind paranoid. Der Verfolgungswahn steckt nicht in der Sprache, sondern in der Vorführung selbst, sozusagen in der Brisanz der gegenständlichen Vorstellungen. Genau genommen ist die sich wiederholende Szene die des Blicks durch den Türspion. Das Symptom entfaltet sich in einer Abfolge der Verfolgung: Kopfschmerzen, die Tür erzittert, das Schloss sprengt heraus, die Tür zerbirst, blendendes Licht, das das Ende der Welt bedeutet. Den Mathematiker Max Cohen verfolgen im schwarzweißen Licht die Zahlen, Gruppen von Leuten, Panikattacken, Stimmen …

Überall ein System! Allerorts! In den Büchern (die Thora, die Basis der in einem bestimmten Code organisierten Anordnung von Buchstaben, Wörtern in Zahlen). Ein System in der Natur.[37]

37 Die Erwägungen Maximillian Cohens könnte man mit Zeit-

In der menschlichen Gesellschaft. In der Arbeit der Börse. Ein System in der Wiederholung, in einer weiteren sich wiederholenden Szene:

> 12:45. Ich wiederhole meine Hypothesen. Erstens. Die Mathematik ist die Sprache der Natur. Zweitens. Alles, was uns umgibt, kann man vorstellen und verstehen mithilfe von Zahlen. Drittens. Wenn man sich die Zahlen eines beliebigen Systems als Graphik vorstellt, entsteht ein Muster. Folglich sind in der Natur überall Muster.

Max' Lehrer, der Mathematiker Sol Robeson, sagt ihm: »Wenn du eine Zahl wählst, sagen wir 216, wirst du sie überall in der Natur finden.« Der Lehrer versucht Max davon zu überzeugen, dass das Leben nicht auf die Mathematik hinausläuft. Aber Max befindet sich schon auf dem Weg zur Universalformel, zu ihrer Formalisierung, zur Beherrschung der Form. Diese Form ist die Spirale. Max' Symptom führt ihn zur Auserwählung durch Gott. Max erlangt das Wissen der Sonne. Die Bewegung entlang der Spirale, die Zirkulation, die Wiederholung ein und desselben Weges entgegen der Unvorhersagbarkeit der Zahl π. Max' Route ist der Weg des Pythagoras. Nicht nur die Zahlen, sondern auch geometrische Formen ordnen das Universum. Diese

genossen von Andrej Andreevič Markov wie den russischen Kosmisten, die sich mit der Berechnung von Zyklen, Rhythmen, Wiederholungen beschäftigt haben, vergleichen. Für den Begründer der Heliobiologie und den Pionier der kosmischen Biologie, Aleksandr Čiževskij, z. B. ist alles in der Natur von Rhythmen der Sonnenrhythmen durchdrungen. Čiževskij – Chlebnikov – Fließ – Cohen sind Glieder ein und derselben Kette.

Ordnung sucht der mit dem Höchstleistungscomputer *Euklid* vereinigte Mathematiker.

Lacan behauptet: Unter den wichtigsten der von Euklid beschriebenen geometrischen Figuren – Fläche, Linie, Kugel – fehlt die wesentliche: Der Kreis, der Ring. Die Bedeutung des Kreises bestehe darin, dass er den Raum der primären Differenzierung von Innerem und Äußerem zeigt. Noch in den 1950er Jahren sprach Lacan über den Kreis, wobei er unterstrich, dass sich ein beliebiger Punkt in seinem Zentrum sowohl innerhalb als auch außerhalb des Kreises befindet.

Von dem einen Kreis geht Lacan ständig zu drei Ringen über, die zum Borromäischen Knoten verschlungen sind. Dieser Knoten enthält drei untereinander verbundene Ringe. Alle Ringe sind untereinander gleich. Jeder Ring ist mit zwei anderen verbunden. Diese Ringe waren im 15. Jahrhundert das Symbol der Mailändischen Familie Borromäus.

Lacan beginnt in den Seminaren der Jahre 1972–73 über den Borromäischen Knoten zu sprechen und widmet das nachfolgende Studienjahr dessen detaillierter Analyse. Den Borromäischen Knoten verbinden gleichermaßen drei Ordnungen: das Imaginäre, das Symbolische und das Reale. Drei Ringe, das sind vor allem drei Öffnungen, drei Mängel, drei Löcher. Das Loch im Symbolischen ist die von Freud beschriebene Urverdrängung. Das Loch im Imaginären ist der Phallus als Leerstelle im Körperbild, wohlgemerkt unabhängig davon, ob von einem Jungen oder einem Mädchen die Rede ist. Das Loch im Realen ist das Loch zwischen den Geschlechtern, welches es, als Vorstellung der Formel der *sexuellen*

Beziehungen, nicht gibt. Die Borromäischen Ringe zeigten sowohl die Unabhängigkeit jedes Knotens als auch die deren wechselseitige Abhängigkeit: Wird ein Knoten entfernt, lösen sich auch die anderen beiden.

In seinen Visionen entdeckt Max erneut das Gehirn. Er wird verfolgt. Die Welt des Mathematikers öffnet sich. Als ob sie von Öffnungen durchdrungen wäre, durch die Stachel von Sonnenstrahlen dringen. Die Welt beginnt zu verfallen. In den Seminarsitzungen des Semesters 1975/76 beschreibt Lacan den Zerfall der Ringe, die Erlangung der Unabhängigkeit mittels der Ringe als Psychose. Die Paranoia ist der Zerfall der Ordnung.

6. Das System π

Die Paranoia ist jedoch nicht nur der Zerfall der Ordnungen, sondern auch ihre Anordnung. Paranoia – das ist die totale Systematisierung: Alles ist mit allem verbunden, nichts ist zufällig. Alles hat seinen Platz im allgemeinen Bild von der Welt. Alles hat seinen »*weltordnungsmäßigen Zweck*«, wie Schreber sagte.

In Freuds System ist die paranoide Systematisierung die Funktion des Systems Bw-Vbw, die Operation der Verbindungsherstellung, das Ziel der sekundären Verarbeitung. Wo Freud in der *Traumdeutung* von der sekundären Verarbeitung der Träume spricht, vergleicht er diese mit der Systematisierung, die der Philosoph durchführt: »Diese Funktion verfährt ähnlich, wie es der Dichter boshaft vom Philosophen behauptet: mit ihren Fetzen und Flicken stopft sie die Lücken im Aufbau des Traums.«[38] Die sekundäre Verarbeitung der Träume stellt, ähnlich wie die Philosophie, ein Erblicktes/(Un-)Denkbares in einer verständlicher, kohärenter, logischer aufgebauten Form dar. So erweist sich die Systematisierung, diese Funktion des Bewusstseins-Vorbewusstseins, als Erbe der narzisstischen Synthese.

Und obwohl der Begriff der einzelnen Systeme bei Freud im *Entwurf einer Psychologie* im Vordergrund steht, beschreibt er die Bedeutung des systematischen Zugangs im Jahre 1912 in der Arbeit *Totem und Tabu* im Zusammenhang mit der sekundären Verarbeitung des Ergebnisses der Traumarbeit.

> Eine intellektuelle Funktion in uns fordert Vereinheitlichung, Zusammenhang und Verständlichkeit von jedem Material der Wahrnehmung oder des Denkens, dessen sie sich bemächtigt, und scheut sich nicht, einen unrichtigen Zusammenhang herzustellen, wenn sie infolge besonderer Umstände den richtigen nicht erfassen kann. Wir kennen solche Systembildungen nicht nur vom Traume, sondern auch von den Phobien, dem Zwangsdenken und den Formen des Wahnes. Bei den Wahnerkrankungen (der Paranoia) ist die Systembildung das Sinnfälligste […].[39]

38 Freud: »Die Traumdeutung«, 494. Freud spielt hier auf Heines Gedicht *Die Heimkehr* an. In der letzten, der 35., Lektion der Einführungsvorlesungen zitiert Freud diese Strophen: »Mit seinen Nachtmützen und Schlafrockfetzen / Stopft er die Lücken des Weltenbaus.« (Freud, Sigmund: »Über die Weltanschauung«, in: Ders.: GW XV, Frankfurt a.M. 3. Aufl. 1961, 170-196, hier 177.)

39 Freud: »Totem und Tabu«, 117.

Die Verantwortung für die paranoide Verbundenheit, für die zwanghaften Gedanken in uns, trägt also die intellektuelle Funktion, die sekundäre Verarbeitung, die interpretatorische Tätigkeit. Genauer gesagt projiziert die intellektuelle Funktion das interpretatorische Schema von außen darauf. Die Grenze zwischen Innerem und Äußerem wird aufgehoben. So findet Max Cohen vom einen aufs andere Mal in der äußeren Welt sein Gehirn. Es wird die Vorstellung von der Harddisk der Denkvorgänge projiziert. Der Träger von »Denkvorgängen [wird] wie die Sinneswahrnehmung nach außen projiziert, zur *Ausgestaltung der Außenwelt* verwendet, die Innenwelt verbleiben sollte«.[40] Die Löschung der Grenzen zwischen Innerem und Äußerem erklärt damit, dass

> die Funktion der Aufmerksamkeit ursprünglich nicht der Innenwelt, sondern den von der Außenwelt zuströmenden Reizen zugewendet war und von den endopsychischen Vorgängen nur die Nachrichten über Lust- und Unlustentwicklungen empfing. Erst mit der Ausbildung einer abstrakten Denksprache, durch die Verknüpfung der sinnlichen Reste der Wortvorstellungen mit inneren Vorgängen, wurden diese selbst allmählich wahrnehmungsfähig. Bis dahin hatten die primitiven Menschen durch Projektion innerer Wahrnehmungen nach außen ein Bild der Außenwelt entwickelt, welches wir nun mit erstarkter Bewußtseinswahrnehmung in Psychologie zurückübersetzen müssen.[41]

Lacan wird infolge seines Kampfes mit der Ich-Psy-

40 Ebd., 81, kursiv V. M.

41 Ebd., 82, kursiv V. M.

chologie unterstreichen, dass die äußere Welt eine Projektion der inneren Welt ist, und dass sich so das Subjekt die Welt an sich anpasst, und nicht sich an die Welt. Deshalb besteht die psychoanalytische Aufgabe nicht in der Adaptierung an die Realität, sondern in der Befragung der Realität.

Die Projektion des Inneren nach außen ist Teil des Systems der animistischen Weltsicht. Freud entdeckt in den Zwangsneurosen ein Analogon eines solchen Systems; als Beispiel nennt er die sekundäre Verarbeitung der Trauminhalte. Er erinnert daran, dass es »vom Stadium der Systembildung an zweierlei Ableitungen für jeden vom Bewußtsein beurteilten Akt gibt, die systematische und die reale, aber unbewußte«.[42] Wir wiederholen: »die reale, aber unbewußte«! Reales – Unbewusstes. Für Freud bleibt noch ein Aber. Für Lacan schon nicht mehr.

Hier taucht auch die Frage nach dem Unterschied zwischen dem Analytiker und dem Paranoiker auf. Offensichtlich besteht er darin, dass der Psychoanalytiker nicht so sehr der Welt gegenüber Verdacht hegen muss als vielmehr gegen sich selbst, d. h. er muss seinen Blick nach innen richten im Versuch, rechtzeitig den Projektionsstrahl zu erwischen, abzufangen. Er muss seine Konstruktionen der permanenten Kritik unterwerfen, er muss sich davor zurückhalten, ein »allgemeines System der Psychoanalyse« zu konstruieren.

Zwei Jahre nach *Totem und Tabu*, in der *Geschichte der psychoanalytischen Bewegung*, formuliert Freud erneut sein Verhältnis zum System. Dieses Verhältnis kann man in seiner Kritik an Adler

42 Ebd., 116.

und Jung entdecken. Über die Theorie Adlers sagt Freud, dass sie »von allem Anfang an ein ›System‹ war, was die Psychoanalyse sorgfältig vermied zu sein«.[43] Dieser Ausdruck ist leichter zu verstehen, wenn man die Kategorialität der »sorgfältigen Vermeidung« entfernt, da es auch noch einen anderen Pol gibt – Jung, der überhaupt kein System hat, da seine Lehre (Freud beruft sich auf Abraham, Ferenczi und Jones) »unklar, undurchsichtig und verworren«[44] sei. So können wir annehmen, dass das psychoanalytische System wendig und unbeweglich sei, es zwischen Überrigidität (Adler) und Zusammenhangslosigkeit (Jung) verlaufen muss.«[45] Die Deutung, die Konstruktion, ist jedoch immer schon ein System. Im Übrigen ein System, das sich im Rahmen der Singularität eines Falls systematisiert und gerade in seiner Fragmentarität und Unvollständigkeit, die sowohl von Freud als auch von Lacan hervorgehoben wird (*pas-tout*),[46] systematisch ist.

Ganz am Ende einer Schrift des Jahres 1937, in *Konstruktionen in der Analyse*, bringt Freud ein weiteres Mal eine Analogie zwischen der Arbeit des Analytikers und der Arbeit des Paranoikers:

43 Freud, Sigmund: »Zur Geschichte der Psycho-Analytischen Bewegung«, in: Ders.: GW X, Frankfurt a. M. 7. Aufl. 1981, 44-113, hier 96.

44 Ebd., 105.

45 Hier lohnt es, davon zu sprechen, dass die Bemühungen um eine Systematisierung des Freud'schen beweglichen Systems, welche Hartmann und Rappoport unternommen haben, als Absage an Freuds Vorstellungen zur Systemhaftigkeit der Psychoanalyse verstanden werden können.

46 Diesen Terminus prägt Lacan für die Unmöglichkeit der Vollständigkeit. Anm. d. Ü.

> Die Wahnbildungen der Kranken erscheinen mir als Äquivalente der Konstruktionen, die wir in den analytischen Behandlungen aufbauen, Versuche zur Erklärung und Wiederherstellung, die unter den Bedingungen der Psychose allerdings nur dazu führen können, das Stück Realität, das man in der Gegenwart verleugnet, durch ein anderes Stück zu ersetzen, das man in früher Vorzeit gleichfalls verleugnet hatte.[47]

Und weiter, der allerletzte Absatz:

> Erfaßt man die Menschheit als ein Ganzes und setzt sie an die Stelle des einzelnen menschlichen Individuums, so findet man, daß auch sie Wahnbildungen entwickelt hat, die der logischen Kritik unzugänglich sind und der Wirklichkeit widersprechen. Wenn sie trotzdem eine außerordentliche Gewalt über die Menschen äußern können, so führt die Untersuchung zum gleichen Schluß wie beim einzelnen Individuum. Sie danken ihre Macht dem Gehalt an historischer Wahrheit, die sie aus der Verdrängung vergessener Urzeiten heraufgeholt haben.[48]

Die sekundäre Verarbeitung, der paranoide Wahn und der Animismus, die das Universum von einem Standpunkt aus vorstellen, erweisen sich als das paradigmatische, systematische Denken. Die Einheit und die Ganzheit erweisen sich als jenes illusorische Produkt, das die Welt nicht in eine unendliche Vielzahl von Fragmenten auseinander fallen lässt. Das System ist ein narzisstisches Produkt. Seine Her-

47 Freud, Sigmund: »Konstruktionen in der Analyse«, in: Ders.: GW XVI, Frankfurt a. M. 8. Aufl. 1992, 43-56, hier 55.

48 Ebd., 56.

kunft ist mit der ursprünglichen Entzweiung verbunden. Seine Herkunft führt zur Verfolgung durch den Doppelgänger. Seine Herkunft führt zur zwanghaften Jagd nach den Projektionen. Zum Angriff auf sie. Und zum Triumph aus Anlass der *Bemächtigung* durch die Projektion dieses *eigentlichen Ich.*

7. Paranoia – Paranorma

Das *eigentliche Ich* ist ein paranoides Produkt. Dieser von Lacan offen behauptete Gedanke findet sich in der Schrift *Das Ich und das Es*, die Freud 1923 verfasst hat. Die allererste These, die darin in Bezug auf die *Ich*-Instanz ausgesprochen wird, lautet: »Wir haben uns die Vorstellung von einer zusammenhängenden Organisation der seelischen Vorgänge in einer Person gebildet und heißen diese das Ich derselben.«[49] Das Ich ist eine Idee, eine der *Vorstellungen*, in einer Reihe von anderen. Ich ist eine Vor-Stellung. Ich bin außerhalb meiner selbst. Das *eigentliche Ich* erscheint, wie auch andere Vorstellungen, von außen her.

Die zweite These in Bezug auf diese Instanz: »Das Ich ist vor allem ein körperliches, es ist nicht nur ein Oberflächenwesen, sondern selbst Projektion einer Oberfläche.«[50] Das Ich ist eine Projektion. Das *eigentliche Ich* ist ein paranoides Symptom der Abwehr.

Das *eigentliche Ich* (*moi*) und die äußere Welt (*Umwelt*) sind Produkte der gegenseitigen Diffe-

49 Freud: »Das Ich und das Es«, 243.

50 Ebd., 259.

renzierung, der Entgrenzung des Introjizierten und Projizierten. In der Geschichte Schrebers trägt diese Entgrenzung relativen Charakter: Sein Nervensystem ist mit dem Gottes verflochten. Diese Verbindung der Systeme, dieses allgemeine System, erklärt seine Transformation: »Die von ihm aufgesogenen Nerven haben in seinem Körper den Charakter weiblicher Wolllustnerven angenommen.«[51] Diese Nerven *kehren* zu Schreber *zurück*, da er überzeugt ist, dass sie anfänglich Gott gehörten. Es ist, *als ob* die Projektion der Introjektion vorausgeht. Wichtig ist auch, dass die äußere Welt eine Projektion ist, auch im Sinne der idealen spekulativen Zeichnung, der Darstellung, der geometrischen Anordnung: Er verschafft sich ein Bild von sich mit weiblichen Brüsten und weiblichen Geschlechtsteilen »durch ›Zeichnen‹ (visuelles Vorstellen)«.[52]

Bemerkenswert ist, dass bei Schreber eine Tilgung nicht nur der Opposition von männlich-weiblich stattfindet, sondern auch der von psychisch und somatisch. Die Haut als äußere-innere Oberfläche verschwindet. Die Nerven werden entblößt. Die Nerven sprechen.

> Die menschliche Seele ist in den Nerven des Körpers enthalten, die als Gebilde von außerordentlicher Feinheit – den feinsten Zwirnfäden vergleichbar – vorzustellen sind. Einige dieser Nerven sind nur zur Aufnahme sinnlicher Wahrnehmungen geeignet, andere (*die Verstandesnerven*) leisten alles Psychische, wobei das Verhältnis stattfindet, daß *jeder*

51 Freud: »Psychoanalytische Bemerkungen über einen autobiographisch beschriebenen Fall von Paranoia«, 266.

52 Ebd.

> *einzelne Verstandesnerv die gesamte geistige Individualität des Menschen repräsentiert* und die größere oder geringere Zahl der vorhandenen Verstandesnerven nur von Einfluß ist auf die Zeitdauer, während deren die Eindrücke festgehalten werden können.[53]

Das System Schrebers erinnert an das System in Freuds *Entwurf einer Psychologie*. Ein Unterschied zwischen ihnen ist der Holismus des Nervensystems Schrebers (»*[J]eder einzelne Verstandesnerv [repräsentiert] die gesamte geistige Individualität des Menschen*«). Der andere Unterschied ist der, dass das Schrebersche System auf den Platz Gottes projiziert wird, auf den Platz des blinden Fleckes, der Sonne.

Nicht nur die äußere Welt ist ein Produkt der Projektionen, auch das *Ich*, das *eigentliche Ich* (*moi*) ist ihr Produkt. Das eigentliche Ich »[...] [i]st genauso wie ein Symptom strukturiert. Im Inneren des Subjekts ist es bloß ein privilegiertes Symptom.«[54] Das *eigentliche Ich* Lacans wird im Spiegelstadium im paranoiden Verhältnis zu den anderen geboren. Der Andere ist nicht nur eine narzisstische Spiegelung, sondern auch ein verfolgender Doppelgänger. Der narzisstische Größenwahn und der narzisstische Verfolgungswahn sind unausweichliche und unumgängliche formbildende Phasen des *eigentlichen Ich*. Und in diesem Sinn ist die Paranoia die

53 Ebd., 254. Das System Schrebers mit den Wahrnehmungs- und Verstandesnerven überschneidet sich mit dem System der multiplen Aufzeichnung Freuds *Entwurf einer Psychologie* (1895) – mit den Nerventrägern der Wahrnehmung und Erinnerung.

54 Lacan, Jacques: *Das Seminar. Buch I (1953-1954). Freuds technische Schriften*. Olten 1978, 24.

Norm. Die Konsequenz seiner Überlegungen zieht Lacan in einem seiner Seminare im Dezember 1975 zur Vorstellung darüber, dass die paranoide Psychose und die Persönlichkeit ein und dasselbe sind.

Die Paranoia verfolgt Max Cohen. Er verfolgt sich selbst. Diese Selbstverfolgung spiegelt sich nicht nur im Realen, sondern auch in der Realität: Ihn verfolgen die von der Übersetzung der Buchstaben in Zahlen besessenen Kabbalisten, ihn verfolgen die von der Überweisung des Geldes auf ihre Konten besessenen Broker. Die symbolische Realität dringt in das Reale ein, aber eine Übereinstimmung im Rahmen eines einheitlichen Systems findet dennoch nicht statt. In so einer Situation ist der Psychoanalytiker, ist der Detektiv gefragt. Es ist Zeit, dass der Detektiv-Psychoanalytiker auftaucht.[55] Ein Dupin-Lacan.

8. Die Serie von Texten zum *Entwendeten Brief* Poes

Lacan erwähnt Markov in seinem im Frühling/Sommer 1956 geschriebenen Aufsatz zur Seminarsitzung über Edgar Allan Poes *Der entwendete Brief*, die im April 1955 stattgefunden hatte. Der Aufsatz verdoppelt das Seminar. Dieser Aufsatz ist für Lacan so wichtig, dass er ihn nicht nur 1966 in die Sammlung seiner »Werke« aufnimmt, sondern ihn, die chronologische Reihenfolge verletzend, an den ersten Platz, an den Anfang setzt.

55 Über die Verwandtschaft dieses Paares wurden eine Menge Arbeiten geschrieben. Vgl. z. B. Mazin, Viktor: »Narušenie pravil ili ešče raz o Šerlok Cholms i Zigmund Frejd, i mnogie drugie«, in: *Kabinet: Kartiny mira, II.* Sankt Peterburg 2001, 232-249.

POST

Andrej Andreevič Markov wird im Übrigen nicht im Aufsatz selbst, sondern in einem der Kommentare zu ihm erwähnt. Dem Aufsatz *Das Seminar über E. A. Poes oder: »Der entwendete Brief«* folgen als Anhang drei eigentümliche Texte, die das System der sich verdoppelnden Wiederholung fortsetzen.[56] Diese Texte könnten ihren *Platz* auch vor dem Aufsatz gehabt haben. Das bezeugen auch ihre Titel: Der erste heißt *Darstellung des weiteren Verlaufs*, der zweite *Einführung*, der dritte *Parenthese der Parenthesen* (dieser Text wurde 1966 angefügt). In der *Einführung*, die gewissermaßen die Plätze von Anfang und Ende tauscht, die Einführung und den Schluss in einem Ring zusammenschließt (wenn man, natürlich, das außer Acht lässt, was außerhalb der Klammern bleibt), wird Andrej Andreevič Markov erwähnt.

In den Seminarsitzungen selbst erklingt der Name Markov nicht. Jedoch werden diese Sitzungen – wahrscheinlich – helfen, den *Platz* Markovs in der *Kette* der Überlegungen Lacans zu entdecken. Es ist nicht verwunderlich, dass der Aufsatz mit den Worten beginnt: »unsere Forschung hat uns zu der Erkenntnis geführt, daß das Prinzip des *Wiederholungszwangs* in dem gründet, was wir die Insistenz der signifikanten Kette nannten«.[57]

56 Genauer vgl. Major, René: *Lacan et Derrida: analyse désistentielle.* Paris 2001, 15.

57 Lacan, Jacques: *Schriften I.* Weinheim/Berlin 1991, 9.

9. Der Automatismus des Wiederholungszwangs: wieder die Mensch-Maschine

Das gesamte Seminar der Jahre 1954-55 kann man als Kommentar zu Freuds Schrift von 1920, *Jenseits des Lustprinzips*, ansehen. Deshalb kehren wir zu Freud zurück und werden einige Worte über diesen Text sagen. Darin führt Freud ein Prinzip ein, das ihm grundlegender als das Prinzip Lust/Unlust erscheint, welches den psychischen Apparat bis 1920 lenkt. In Albträumen, die Kriegstraumata reproduzieren, im Spiel des eigenen Enkels, der immer von Neuem die Situation der absenten Mutter durchspielt, sieht Freud einen Wiederholungszwang. Für ihn ist dieses Prinzip mit dem parallel eingeführten Todestrieb verbunden, mit einem Trieb, d. h. mit jenem, das irgendwo im *Zwischenreich*[58] wirkt, irgendwo zwischen Seele und Körper.

Lacan führt den Wiederholungszwang aus dem Zwischenreich heraus und verknüpft ihn mit dem eigentlich Menschlichen, mit der symbolischen Ordnung. Zusätzlich ist die Wiederholung nicht nur zwanghaft, sie trägt auch noch automatischen Charakter. Die Wiederholung spricht von der Maschine. Die Wiederholung spricht wie die Maschine. Die Wiederholung ist mit der Maschine verwandt.

Hier der Dialog Lacans mit Hyppolite:

> – […] Worin sind wir, als Menschen, wirklich Verwandte der Maschine?
>
> Insofern wir Mathematiker sind, insofern wir die Leidenschaft der Mathematik haben.

58 Dieser Begriff selbst taucht bei Freud (beim Metapsychologen) in seinem Briefwechsel mit Fließ (dem Biologen) auf.

> – Aber ja. […] Es wäre sehr leicht, Ihnen zu beweisen, daß die Maschine viel freier ist als das Tier. Das Tier ist eine blockierte Maschine. […]
> [W]ir [sind] im Verhältnis zum Tier Menschen […].[59]

Was macht den Menschen zur Maschine? Die symbolische Welt ist eine Welt der Maschinen. Die menschliche Welt macht den Menschen zur Maschine. Der Mensch ist eine Maschine, weil er Mensch ist.[60]

Die Lacanschen Seminare der Jahre 1954–55 – *Das Ich in der Theorie Freuds und in der Technik der Psychoanalyse*[61] – bewegen sich hartnäckig von der Wiederholung hin zur symbolischen Ordnung. Die Seminarsitzungen dieses Jahres waren in folgende drei Abschnitte geteilt: *Jenseits des Lustprinzips, die Wiederholung*; *Die Freudschen Schemata des psychischen Apparats*; *Jenseits des Imaginären, das Symbolische, oder vom kleinen zum großen Anderen.*

Der Abschnitt, der uns jetzt im Zusammenhang mit Markov interessiert, ist natürlich dem *eigentlich* Symbolischen gewidmet. Dieser Abschnitt wird mit der Frage zur Kybernetik und zum Subjekt eröffnet: »Wir wollen die Tatsachen dessen streifen, was man verworren Kybernetik nennt, was trotzdem etwas ist, das uns hochgradig betrifft bei dem Geschäftchen, dem wir seit zwei Sitzungen nachgehen, was

59 Lacan: *Das Seminar. Buch II*, 44.

60 Und hier geht es nicht darum, dass der Mensch »eine denkende Maschine« ist: »Ich, der ich schon sagte, dass die Menschen nur sehr selten denken, ich möchte nicht über Denkmaschinen sprechen.« Lacan: *Das Seminar. Buch II*, 154.

61 Ebd.

ist das Subjekt?«[62] So legt Lacan also gerade auf die Kybernetik die Hoffnung auf die Entdeckung der Frage nach dem Subjekt. Die Kybernetik spielt die Rolle eines Orakels. Die Kybernetik kann übrigens gerade deshalb die Antwort geben, da das Subjekt[63] der Sprache gehört. Es ist das Subjekt des Unbewussten. Das Subjekt der Sprache. Das Subjekt, das sich jenseits »seines« *Ich* befindet.

10. Der nicht zufällige Zufall: die Kybernetik

Am 22. Juni 1955 widmet Lacan dieser Frage eine gesonderte Vorlesung unter dem Titel *Die Psychoanalyse und die Kybernetik oder die Natur der Sprache*, die faktisch das Jahresseminar *Das Ich in der Theorie Freuds und die Technik der Psychoanalyse* abschließt. Diese Vorlesung findet im Rahmen der Vorlesungsreihe *Die Psychonalyse in den Geisteswissenschaften* statt, die von der französischen psychoanalytischen Gesellschaft organisiert wurde.[64] Die Vorlesung ist das Bindeglied zwischen den Seminaren und dem

62 Ebd., 223.

63 Das Subjekt ist auch das Unterliegende, das Unterworfene; das Objekt einer Wirkung von etwas.

64 Neben Lacan beteiligen sich u. a. auch Benveniste, Merleau-Ponty, Koyré, Hyppolite, Lévi-Strauss der Vorlesungsreihe *Die Psychoanalyse und die Geisteswissenschaften*. Diese Vorlesungen fanden parallel zu den Seminaren Lacans von 1954–55 statt und beeinflussten zweifellos deren Fortgang. Unter anderen, dies bezeugt der Text des Seminars selbst, die lebhafte Diskussion der Fragen des Platzes der Psychoanalyse im System der Wissenschaften, des Verhältnisses der Kybernetik und der Psychoanalyse, der Verhältnisse zwischen Mensch und Maschine.

Aufsatz, in dem Markov erwähnt wird. Das Gespräch über die Kybernetik im beweglichen psychoanalytischen Rahmen erweist sich aus einer Reihe von Gründen als angemessen. Die Achse, auf der sich »diese […] beiden Techniken, diese […] beiden Ordnungen des Denkens und der Wissenschaft«[65] treffen, ist die Sprache. Denn nicht nur die Psychoanalyse, auch die Kybernetik geht »aus einer Bewegung des Staunens hervor, sie wiederzufinden, diese menschliche Sprache, wie sie fast ganz von selbst funktioniert und uns den Rang abzulaufen scheint.«[66]

Die Kybernetik erwies sich als gefordert im Zusammenhang mit der Frage über das Spiel des Menschen mit der Maschine, dem Hasardspiel *Grad oder Ungrad*. Das Spiel ist im Seminar nicht (nur) im Zusammenhang mit der Arbeit des Zifferncomputers und der Kybernetik aufgetaucht, sondern (auch) im Zusammenhang mit der Erzählung Edgar Poes. Lacan wendet sich dem *Entwendeten Brief* zu, einer für den Psychoanalytiker grundlegenden Geschichte, einem Text, »auf den die Kybernetiker große Stücke halten«.[67] Der Psychoanalytiker-Detektiv Lacan-Dupin erzählt die Geschichte eines achtjährigen Schuljungen, »der durch seine Erfolge im Raten beim Spiel ›Grad oder Ungrad‹ breiteste Begeisterung erregte«.[68] Es geht dabei keineswegs um irgendein mystisches Glück, sondern um ein *System*, das »darin bestand, daß er einfach die Gewitztheit

65 Lacan: *Das Seminar. Buch II*, 373.

66 Ebd., 154.

67 Ebd., 228.

68 Ebd.

seiner Gegenspieler beobachtete und abschätzte«.[69] Der Bub teilt sein Geheimnis mit Dupin: Es geht zur Gänze darum, dass er sich »mit dem Intellekt des Gegenspielers identifiziert«,[70] d. h. um die Fähigkeit, mit seinem Laserschwert den Projektionsstrahl des Gegners zu stoppen. Es geht, konkretisiert Lacan, um die intersubjektive Dimension: »Daß das Subjekt wissen muß, daß es vor ihm ein anderes Subjekt hat, das ihm selbst im Prinzip homogen ist.«[71] Diese Dimension geht in einem komplexeren Spiel verloren. »Wir werden einen anderen Weg nehmen«, sagt Lacan, den, der logisierbar ist, der im Diskurs vertreten werden kann. Er nötigt sich offenkundig auf, sobald Ihr Partner die Maschine ist.«[72] Lacan behauptet, dass man sich mit der Maschine nicht mehr identifizieren kann, und deshalb »auf Anhieb auf den Weg der Sprache, der möglichen Kombinatorik der Maschine verwiesen « ist.[73]

Das Grad-oder-Ungrad-Spiel soll »uns, uns Analytiker [...], ins Gedächtnis [...] rufen, daß *nichts zufällig geschah* und daß ebenso wohl etwas darin enthüllt werden konnte, das an reinsten Zufall zu grenzen schien«.[74] Lacan bringt eine auf den ersten Blick paradoxe These hervor: »[E]s besteht eine enge Beziehung zwischen der Existenz des Zufalls und der

69 Ebd.

70 Ebd., 229.

71 Ebd.

72 Ebd., 231.

73 Ebd.

74 Ebd., 374, kursiv V. M.

Grundlage des Determinismus.«[75] Wenn behauptet wird, dass etwas zufällig passiert sei, meint man »entweder, daß es keine Absicht gibt, oder daß es ein Gesetz gibt«,[76] das absichtlich wirkte. Aus dieser These leitet Lacan noch eine Dimension der psychoanalytischen Technik ab:

> Wir bemühen uns vom Subjekt zu erreichen, daß es ohne Absicht *seine Gedanken* ausliefert, wie wir sagen, seine Äußerungen, seinen Diskurs, anders gesagt, daß es sich absichtlich soweit wie möglich dem Zufall nähert. Welches ist hier der in einer Zufallsabsicht gesuchte Determinismus? Über dieses Thema kann uns, glaube ich, die Kybernetik einige Klarheit bringen.[77]

Die Kybernetik beschäftigt sich nicht damit, was ist, sondern damit, was sein kann: »Die Vergangenheit der Kybernetik besteht in nichts anderem als der rationalisierten Ausbildung dessen, was wir, um sie den exakten Wissenschaften (*sciences exactes*) gegenüberzustellen, die konjekturale Wissenschaft (*sciences conjecturales*) nennen werden.«[78] Zum Urvater der Kybernetik wird Pascal, der sich nicht den Objekten zuwandte, die einen Platz einnahmen, sondern den Plätzen als solchen, leeren Plätzen.

1654 schreibt Pascal ein dem arithmetischen Dreieck gewidmetes Traktat. Dieses Dreieck nennt Lacan »die erste Maschine« Pascals. Diese Maschine

75 Ebd.

76 Ebd., 372.

77 Ebd., 375.

78 Ebd.

»empfiehlt sich der Aufmerksamkeit der gelehrten Welt darin, daß [sie] unmittelbar herauszufinden gestattet, was ein Spieler das Recht hat zu erhoffen in einem bestimmten Moment, in dem man die Folge von Zügen unterbricht, die eine Partie konstituiert«.[79] Pascal zeigt bei Lacan den Platz und das, was an diesem Platz erscheinen kann. Es ist von der Wahrscheinlichkeit des Aufeinandertreffens die Rede.

Lacan stellt also die exakten Wissenschaften den auf Mutmaßungen gegründeten Wissenschaften gegenüber. So taucht nun im Schoß der exakten Wissenschaften der Mathematik die Wahrscheinlichkeitskybernetik auf, die es erlaubt, auch den Platz der Psychoanalyse zu bestimmen. Genauer: den Platz, den die Psychoanalyse einnimmt, in dem Maße, wie sie ihn einnimmt. Auf welcher Grundlage führt man eine solche Unterscheidung der Wissenschaften durch? Auf der Grundlage der Beziehung zum Realen. Der Gegenstand der exakten Wissenschaften ist das *Reale* (*réel*).

Was ist das Reale? »Es ist etwas, das man immer am selben Platz wieder findet, ob man nun nicht dagewesen ist oder ob man dagewesen ist.«[80] Die Entstehung der exakten Wissenschaften ist von der Einsicht hervorgerufen, dass die Gedanken und Handlungen keinerlei Einfluss auf den Lauf der Dinge ausüben. Anders gesagt: Die Absage an die psychotische Allmacht der Gedanken führt zu den exakten Wissenschaften. Man braucht den Platz des Aufeinandertreffens nicht zu ändern. Es ist klar, dass »zum Rendezvous«, das der Mensch der Na-

79 Ebd., 379.

80 Ebd., 376.

tur gewährt hat, sie »exakt sein können wird«, und dass diese Exaktheit »präzise das Zusammentreffen zweier Zeiten in der Natur«[81] ist. Auf der Grundlage der Beziehungen mit dem Realen werden die Wissenschaften unterschieden – die exakten und die auf Mutmaßungen gegründeten; »[d]er Wissenschaft dessen, was sich immer am selben Platz wieder findet, substituiert sich so die Wissenschaft der Kombination der Plätze als solcher«.[82]

Die Wissenschaft von den Zahlen wird ersetzt von der Wissenschaft von der Kombinatorik. Gerade hier tritt dann auch die symbolische Ordnung als solche zu Tage, da diese sich auf das Verhältnis von Präsenz und Absenz gründet; »die Suche nach Gesetzen der Anwesenheiten und Abwesenheiten wird auf jene Aufrichtung der binären Ordnung abzielen, die in das einmündet, was wir Kybernetik nennen«.[83] Die Suche nach den Gesetzen, die diese Kombination beherrschen, findet ihren Höhepunkt in der Wahrscheinlichkeitswissenschaft (*sciences conjecturales*), in der Kybernetik. Die Kybernetik markiert die binäre Abfolge 0/1, in der die Anwesenheit in die Struktur um den Preis der Abwesenheit eingeschrieben ist. Solcherart sind etwa die Bedingungen der symbolischen Anwesenheit. Die Anwesenheit des Subjekts in der Signifikantenkette. In der Kette um den Preis der »eigenen« Abwesenheit. Nur in der paranoidalen Halluzination, nur im Traum nähert sich das Subjekt seinem *Realen* an.

Der Mathematiker, der Topologe, der Geometer

81 Ebd., 377.

82 Ebd., 379 f.

83 Ebd., 380.

nähert sich dem Realen in der Idealisierung, in der Idealität seiner Objekte an. Ihre Exaktheit entsteht mittels Idealisierung von »Identifikationsakten als ›desselben‹.«[84] Die Exaktheit der exakten Wissenschaft ist gegründet auf die Erzeugung desselben Objektes, auf die Rückkehr *desselben*, auf die Realität des Idealen. Diese Reproduktion der ursprünglichen Wiederholung, diese Rückkehr der idealen Objekte seiner – immer wieder neu anzueignenden – Geschichte konstruiert das Subjekt. Ich finde mich an ein und demselben Platz, unabhängig davon, ob ich dort früher war oder nicht. In diesem Vorfinden seiner/s s/Selbst liegt der gesetzmäßige Zufall.

Unterdessen – nach der Teilung der Wissenschaften im Bezug auf das Reale – widmet sich Lacan jener »zentralen Frage, von der ich ausgegangen bin«: »[W]as ist der Zufall des Unbewußten, den der Mensch gewissermaßen hinter sich hat?«[85]

> Von dem Moment an, wo uns die Möglichkeit gegeben ist, im Realen diese O und dies 1 zu verkörpern, diese Notation der Präsenz und der Absenz, sie auf einem Rhythmus zu verkörpern, einer grundlegenden Skansion, ist etwas ins Reale übergegangen, und wir haben uns zu fragen [...], ob wir eine Maschine haben, die denkt.[86]

84 Derrida, Jacques: »Introduction«, in: Ders.: *Edmund Husserl's »Origin of Geometry«: An Introduction.* New York 1978, 25: »In fact, *The Origin of Geometry* still concerns the status of the ideal objects of science (of which geometry is one example), their production, by identifying acts, as ›the same‹« (Übersetzung aus dem Englischen B. O.).

85 Lacan: *Das Seminar. Buch II*, 380.

86 Ebd., 385.

Steht uns eine denkende Maschine zur Verfügung oder verfügt die denkende Maschine über uns? Denn, »wenn die Maschine nicht denkt, dann ist klar, dass wir selbst auch nicht denken in dem Moment, in dem wir eine Operation ausführen.« Wenn wir uns mit dieser Maschine gleichsetzen, muss keiner denken, da »wir [...] exakt denselben Mechanismen [befolgen] wie die Maschine.«[87]

Der Rhythmus, die Abfolge der Takte, die Wahrscheinlichkeit des nächsten Schritts – das ist es, womit die Wissenschaft sich beschäftigt, die auf Mutmaßungen gegründet ist. Die Kybernetik, erinnert uns Lacan, gab uns einen Begriff von der Mitteilung. Die Mitteilung ist eine Abfolge von Zeichen, die eben zu den kybernetischen, symbolischen und semiotischen Zielen der Nullen und der Einsen führt. Wichtig ist genau diese Abfolge. Deshalb ist auch davon die Rede, dass es keinen Sinn hat, nur ein Spiel zu betrachten. Man braucht eine Serie von Spielen, in denen die Opposition »verloren/gewonnen«, »+/–«, »gerade/ungerade« der Analyse unterzogen wird. Man sagte Lacan, dass neben den denkenden und rechnenden Maschinen bereits spielende Maschinen, darunter auch eine Maschine, die *Grad-oder-Ungrad* spielt, erfunden worden sind. Der Mathematiker Riguet hatte ihm versprochen, ein Treffen mit so einer Maschine zu organisieren. Lacan beginnt sein Seminar vom 30. März 1955 mit einem Ausdruck des Bedauerns über die Abwesenheit seines Freundes Riguet. Dabei drückt er kein Bedauern über die Abwesenheit seines anderen Freundes,

87 Ebd., 385.

Guilbaud, aus, eines alten »geheimen Freundes«.[88] Einige Monate vor dem ›kybernetischen‹ Seminar Lacans erscheint Guilbauds *La Cybernétique* (*Die Kybernetik*).[89] Es erscheint im Jahr 1954, sechs Jahre nach der »offiziellen« Geburt dieser Wissenschaft im gleichnamigen Buch Norbert Wieners. Guilbaud erwähnt übrigens in seinem Buch Markov.

Er erwähnt ihn nicht nur, sondern widmet ihm einen eigenen Paragraphen, in dem er die Häufigkeitsberechnungen der aufeinandertreffenden Buchstaben in Trigrammen erklärt (IBA, IBL, IBR, IBU …), wobei jedes Trigramm Möglichkeiten unterschiedlicher Wahrscheinlichkeiten eröffnet (IBA – BUS – US. – S. C. – C. E). Diese wahrscheinlichen Kombinationen erhalten die Bezeichnung *Markovketten* im Jahre 1907. Guilbaud hebt einen für Lacan wichtigen Aspekt hervor: Markov experimentiert mit den Vokalen und Konsonanten des *Eugen Onegin*, mit linguistischen Mechanismen. Markov bildet Buchstabenketten, man kann aber genau dasselbe

88 Elizabeth Roudinesco schreibt, dass die große Freundschaft Lacans mit Guilbaud eine entscheidende Rolle in der Entwicklung der Mathematik und Topologie in der Psychoanalyse gespielt habe (Roudinesco, Elizabeth: *Jacques Lacan. Esquisse d'une vie, histoire d'un système de pensée.* Paris 1993, 469). Die Abwesenheit Guilbauds zu bedauern hatte offensichtlich deshalb keinen Sinn, da er, wie Roudinesco bezeugt, nie in den Seminaren erschienen ist. Lacan telefonierte mit ihm, um die einen oder anderen mathematischen Schwierigkeiten zu lösen. Die Verbindung zwischen ihnen war gewissermaßen eine geheime, eine spekulative, psychoanalytisch gegründet auf die Verhältnisse zwischen Ohr und Stimme.

89 Ich danke Peter Berz für das mir erbrachte Geschenk: Das Buch *Die Kybernetik* von Guilbaud.

auch mit »Wortketten, Silbenketten usw.«[90] machen. So beginnen die Wahrscheinlichkeiten an die Funktion der Wort-Weichen in der Traumkritik Freuds zu erinnern.

Markov studierte die Wahrscheinlichkeitsgesetze in der Abfolge der Buchstaben in *Eugen Onegin* von Puškin, um damit, mit der festgestellten Verbindung zwischen Zahlen und Buchstaben, die Abfolge von Textgliedern in der Wahrscheinlichkeitstheorie festzustellen. Die Markovkette ist eine »Kette aufeinanderfolgender Ereignisse, in der die Wahrscheinlichkeit eines jeden Ereignisses dadurch bestimmt wird, welches Ereignis genau unmittelbar vor diesem stattfand«.[91]

11. Binäre Reihen

Die Wahrscheinlichkeitsketten erzeugen Signifikantenketten, die die symbolische Ordnung repräsentieren. Die Arbeit der symbolischen Ordnung, die das Subjekt kybernetisiert, wird von Lacan in seiner Analyse *Entwendeten Brief* Poes dargestellt. Das Kapitel XVI des Buches der Seminare von 1954–55 –

90 Guilbaud, Georges: *La cybernétique*. Paris 1954, 81.

91 Uspenskij, Vladimir A.: »Predvarenie dlja čitatel'ej »Novogo literaturnogo obozrenija« k Semiotičeskim poslanijam Andreja Nikolaeviča Kolmogorova«, in: Ders.: *Trudy po nematematike*. Moskva 2002, 668: »Es ist nicht ausgeschlossen, dass die Begriffe [die Ketten] bei Markov aus Beobachtungen von der Abfolge von Buchstaben in literarischen Texten hervorgingen. Wenn diese Hypothese stimmt, dann haben wir ein eindrückliches Beispiel dafür, wie die Analyse eines Textes zur Geburt wichtiger Begriffe der Mathematik führt.«

Der entwendete Briefes – folgt auf Kapitel XV, *Gerade oder ungerade? Jenseits der Intersubjektivität*, in dem Dupin und der Schuljunge erscheinen, und auf das Kapitel XIV, in dem die Beziehung zwischen dem Menschen und dem Signifikanten beschrieben wird.

Lacan beginnt nicht direkt mit dem Symbolischen, sondern mit dem Realen als dem, was der Symbolisierung entgeht, damit, was als Nebenprodukt dieses Prozesses bleibt. Wenn es keinerlei Vermittlung gibt, keinen Spiegel (kein Imaginäres), kein Symbol zwischen dem Subjekt und der realen Welt, dann gibt es weder ein Subjekt noch etwas, das es erblicken könnte.

An diesem Platz, an dieser Stelle seiner Überlegungen kommt Lacan dann auch zur Frage des Spiels Grad-oder-Ungrad, zur Frage nach der Konkurrenz mit der Maschine. Im Spiel mit der Maschine gibt es keine intersubjektiven Dimensionen, gibt es keine Möglichkeit, sich mit dem Realen zu treffen. Sozusagen führt die »denkende Maschine« zur Idee einer Ordnung, einer Abfolge von Plus- und Minuszeichen, Anwesenheiten und Abwesenheiten, Einsen und Nullen – des Symbolischen. Die symbolische Ordnung ist im Sinne der Abfolge, der Kette, mechanisch. Das Signifikante ist der Buchstabe, und das Subjekt ist ein triadisches Musterbeispiel intersubjektiver Verhältnisse der Geschichte Poes. Der zwanghafte Charakter der Signifikanten in der Kette intersubjektiver Beziehungen erklärt den Automatismus der Wiederholungen. Die Verschiebung der Signifikanten in der Kette passiert automatisch, gemäß genau denselben Gesetzen der binären Abfolge, die die Computer steuert.

12. Markovs Auftritt in der *Einführung*

Wozu schreibt Lacan die *Einführung*, die diese Serie von Texten über den *Entwendeten Brief* abschließt? Das Ziel der *Einführung* ist es, zu verfolgen, wie die formale Sprache das Subjekt bestimmt; die Funktion der *Einführung* ist es, zu zeigen, wie die Syntax einer solchen Sprache zu verstehen ist.

Mit dem Pluszeichen die Präsenz bezeichnend, mit dem Minuszeichen die Absenz, spricht Lacan von der zufälligen Serie, z. B. + + + – + – – + –. Er behauptet, dass eine solche Serie, entgegen dem zufälligen Charakter ihrer Komposition, eine strenge symbolische Ordnung manifestiert. Wenn man z. B. mit der Ziffer 1 eine Serie von drei einzelnen Zeichen (+ + + oder – – –) nennt, mit der Ziffer 3 eine Serie von drei wechselnden Zeichen (+ – + oder - + -), mit der Ziffer 2 eine Serie aus zwei einzelnen Zeichen, auf die ein anderes Zeichen folgt (+ + – oder – – +), dann kann man die Beziehungen zwischen den einzelnen Serien auf einem Graphen darstellen, der die grundlegenden symbolischen Modelle zeigt, die sie steuern.

Die Wiederholung ist symbolisch, da nur über das Symbol die Präsenz bzw. Absenz erreicht werden kann. Die Ordnung des Symbols ist nicht vom Menschen geschaffen, sondern sie schafft den Menschen. Solcherart ist die grundlegende Idee des ganzen Seminars. Genau dieses fundamentale Paradigma führt zum Vergleich mit den Wahrscheinlichkeitstheorien von Poincaré und Markov.

So schreibt Lacan am Ende, in der Einleitung, nach der Lektüre des *Entwendeten Briefes*, dass die

Subjektivität von Anfang an keinerlei Beziehung zum Realen hat. Sie ist verbunden mit der Syntax, die die Signifikanten gezielt hervorbringt. An dieser Stelle taucht Markov auf (gepaart mit Poincaré): »C'est à méditer en quelque sorte naïvement sur la proximité dont s'atteint le triomphe de la syntaxe, qu'il vaut de s'attarder à l'exploration de la chaîne ici ordonnée dans la même ligne qui retient Poincaré et Markov.«[92]

π. S. Der Ausbruch der Syntax

Maximillian Cohen ruft in Erinnerung: »An sich ist die Zahl nichts. Wichtig ist die Bedeutung, die Syntax, das, was zwischen den Ziffern ist.« Bedeutungstragend ist der Platz zwischen den Ziffern, zwischen den Buchstaben. Wichtig ist ihre Zusammenstellung, ihre gemeinsame (*syn*) Anordnung (*taxis*), ihre Anordnung, die Rollenverteilung.[93] Lacan stellt in den Seminarsitzungen Tabellen aus Varianten der Abfolgen von 1 und 0 zusammen, die gerade und ungerade, Nullen und Einsen, offene und geschlos-

92 Lacan, Jacques: »Le séminaire sur »La lettre volée««, in: Ders.: *Écrits*. Paris 1966, Vol. 1, 63. »Sinnt man gewissermaßen naiv der Nähe, durch die der Triumph der Syntax erreicht wird, nach, so lohnt es sich, ein wenig in der Erforschung der Kette zu verweilen, die in derselben Linie geordnet ist, welche Poincaré und Markow fesselte.« Lacan, Jacques: *Schriften I*, 50.

93 »Wenn man das Latein versteht, dann versteht man, wie die unterschiedlichen lexikologischen und grammatikalischen Elemente sich organisieren, die Art und Weise, wie die Bedeutungen aufeinander verweisen, den Gebrauch von Wendungen.« Lacan: *Das Seminar. Buch II*, 352.

sene Türen, Eingang und Ausgang, Anwesenheit und Abwesenheit, Inneres und Äußeres bedeuten können. Diese Abfolgen stellen eine Syntax dar, die erlaubt, »den Maschinen logische Operationen anzuvertrauen«, insofern die Syntax der Semantik vorausgeht. Die Kybernetik wird nicht nur als Wissenschaft von der Wahrscheinlichkeit der Verteilung der Plätze bestimmt, sondern diese Verteilung ist »eine Wissenschaft der Syntax und ist gerade dazu da, um uns gewahr werden zu lassen, daß die exakten Wissenschaften nichts anderes tun, als das Reale an die Syntax zu binden«.[94]

Die Frage der Kybernetik führt Lacan zur Frage des Verhältnisses zwischen Syntax und Semantik. Der Wunsch, mit der Ordnung des Imaginären verbunden, steuert in vielem die Semantik und die »wertvolle Tatsache, die uns die Kybernetik verdeutlicht – etwas lässt sich nicht eliminieren aus der symbolischen Funktion des menschlichen Diskurses, und das ist die Rolle, die in ihm das Imaginäre spielt«.[95] So »erlaubt« die Kybernetik, die »Differenz der radikalen symbolischen Ordnung von der imaginären Ordnung« zur »Geltung zu bringen«.[96] Das Imaginäre mischt immer schon die Karten der symbolischen Syntax. Lacan setzt sich mit jener radikalen Frage auseinander, die seine eigene Topik dekonstruiert: »Es geht darum, ob das Symbolische als solches existiert oder ob das Symbolische bloß das zweitrangige Phantasma imaginärer Koaptation ist.«[97]

94 Ebd., 387.

95 Ebd., 388.

96 Ebd.

97 Ebd., 389.

Befreit sich die Syntax von der Tyrannei der Semantik? Das Paradoxon liegt in der Paraphrenie:[98] in der Unmöglichkeit, das *eigentliche Ich* zu spielen, sich *(moi)* anzueignen, in der Unmöglichkeit, die Muttersprache zu beherrschen, darin einen Platz für das sprechende *Ich (je)* zu finden. An diesem Platz kommt es zu einer gegenseitigen Penetration von Imaginärem und Symbolischem statt. Das Symbolische erscheint als das »bloß [...] zweitrangige Phantasma imaginärer Koaptation«[99] *(coaptations imaginaires)*. Die Paraphrenie ist die halluzinatorische Störung des schizophrenen Gleitens der Syntax und der paranoide Ausbruch dieser Ketten des Gleitens jenseits der Sprache.

Die Strahlen des Sonnengottes dringen in die Sprache der Nerven des Daniel Paul Schreber, die Sprache der Nerven strömt in die Strahlen. Der sich entlang der Spirale drehende Maximillian Cohen gleitet entlang der Ziffernreihe von π. Der psychotische Zerfall der Ringe bringt die Ordnung der Plätze, die Topik Lacans, durcheinander.[100]

98 Im Sinne der Verdichtung der Wolken von Paranoia *und* Schizophrenie. Vgl. Fußnote 93.

99 Lacan: *Das Seminar. Buch II*, 389.

100 Das ist auch noch die Frage des Verhältnisses zwischen Paranoia und Schizophrenie. Ihre Nähe aufzeigend, schlägt Freud vor, unter anderem im Zusammenhang mit der Geschichte Schrebers (1911), die Schizophrenie in Paraphrenie umzubennen [Freud: »Psychoanalytische Bemerkungen über einen autobiographischen Fall von Paranoia«, 313]. (Interessant ist, dass Freud in der Krankheitsgeschichte Schrebers [1911] von der Schizophrenie spricht, einem Begriff, der von Bleuler in diesem Jahr in die psychiatrische Nosographie eingeführt worden war. Ein Anhänger des Terminus »Paraphre-

nie« ist auch Kraepelin.) Die Störung kann, wie dies auch in der Geschichte Schrebers passiert, mit paranoiden Symptomen beginnen und sich dann zur Paraphrenie entwickeln. Wenn gleich Freud diese Begriffe einander annähert, unterscheidet er sie aber auch. Und zwar nach zwei Merkmalen. Einerseits die Form der Rückkehr des Verdrängten betreffend, d. h. die Art der Symptombildung: Wenn der paranoide Mechanismus der Rückkehr die Projektion ist, so ist der paraphrenische Mechanismus die Halluzination. Zweitens bezüglich der »Tiefe« der Regression: Wenn die paranoide Regression zum Narzissmus führt, der sich als Größenwahn äußert, so führt die paraphrenische Regression zur vollständigen Aufgabe der Objektbindung und zur Erneuerung des infantilen Autoerotismus. Schreber vereint die Symptome: Halluzination + Projektion (ebd., 314). Die schizophrene Überladung der Wortvorstellungen (die ihre metaphorische Kraft verlieren und buchstäbliche Bedeutung annehmen [falls man natürlich von einer solchen überhaupt sprechen kann]) begleitet die Halluzinatorik der Gegenstandsvorstellungen. »Begleitet« bezeichnet keine Verbindung, keine Verbundenheit. Das sind zwei Ordnungen der Trennung. Der Bezug zur dritten Ordnung – dem Realen – verbindet die beiden nicht. Die Topologie wird buchstäblich zerrüttet. Folgt man der Unterscheidung, die Lacan im dritten Seminar eingeführt hat, so ist bei Schreber (und bei Cohen) das Symbolische nicht nur zum Realen geworden (Schizophrenie), sondern hat auch das Imaginäre die Herrschaft über sie übernommen (Paranoia). Klein entfaltet den Gedankens Freuds, indem er seinerseits von der paranoid-schizoiden Position spricht. Die Feststellung dieser für die *zukünftige* Konstituierung des Subjekts unausweichlichen und unumgänglichen Position steht in Beziehung zum oralen Sadismus, zur Spaltung des Imagos der mütterlichen Brust in eine ideale und eine verfolgende. Der orale Sadismus ist der Initiator der Paranoia (Klein). In dieser Position oder genauer Disposition der Psyche des Kleinkinds schützt man sich vor der Angst vor den internalisierenden Objekten mittels der Austreibung, ihrer Projektion nach außen. Sich so von der Angst zu befreien, ist natürlich nicht möglich. Die zwanghaften Ängste und Projektionen sind die Grundlage der Paranoia.

Die schizophrenen Signifikantenreihen sind immer schon zur zwanghaften Paranoia der sich im Automatismus des Anderen wiederholenden Verfolgungen bereit. Immer von Neuem erklingt aufdringlich die wichtigste Frage: Wie der Paranoia entkommen und dabei teilweise dem Menschen? Wie der Paranoia entkommen, wenn das *Menschliche Ich auf Rechnung* der Paranoia entworfen ist, um den *Preis* des Automatismus der paranoid-schizoiden Maschine?

DIE MASCHINE MENSCH
ODER LA METTRIES ANIMATRIX

1. Die Erscheinung des technoiden Hominiden

Das Erscheinen des Menschen auf diesem Planeten wird von zwei interessanten Phänomenen begleitet: Zum einen überschreitet mit dem Erscheinen des Menschen die Entwicklung der organischen Materie die Grenzen der darwinschen Evolution. Setzt man das Aufkommen des Menschen zeitgleich mit der Verwendung von Werkzeugen an, ist festzustellen, dass diese Werkzeuge grundlegend den Verlauf und den Charakter der Entwicklung der Materie/der Energie verändern.[1] Die Anthropogenese ist mit der Evolution der anorganischen Materie verbunden.

1 Gesetzt den Fall, dass diese Begriffe noch nicht völlig sinnlos geworden sind, doch davon unten mehr.

Die Anthropogenese ist immer schon auch Technogenese.[2]

Zum anderen ist das Erscheinen des Menschen zugleich auch seine Verdoppelung: Der Mensch verdoppelt sich in Abstrahierungen, Reflexionen, in Projektionen seiner selbst auf den Anderen. Die Geburt des Menschen ist die Geburt des Doppelgängers, die Geburt von *ka*[3], des Schattens. Die Geburt des Menschen ist nicht bloß die eigene Verdoppelung, sondern auch die (in Lacans Terminologie) symbolische Verdoppelung der Umwelt in einer Projektion.

Die anorganischen Werkzeuge und die symbolische Verdoppelung machen die technologischen und psychologischen Prothesen des Menschen aus. Diese Psycho-Techno-Prothesen sind im gleichen Maße Produkt des Menschen, wie der Mensch ihr Produkt ist. Das Werden des Menschen ist immer schon das Werden eines Technowesens. Die Psychoprothesen sind tatsächlich Technoprothesen, denn wie allgemein bekannt, bezeichnete bei den alten Griechen *techné* Wissen, Handwerk und Kunst gleichermaßen.

Die Evolution[4] des Menschen besteht somit eigentlich in zwei Evolutionen, die man als psychische

2 Vgl. hierzu die detaillierte Beschreibung dieser Prozesse in den Arbeiten von Bernard Stiegler, so etwa in: Ders.: *Technik und Zeit. Der Fehler des Epimetheus*. Zürich/Berlin 2009.

3 *Ka* ist eine der Bezeichnungen für den Doppelgänger in der altägyptischen Mythologie.

4 Wenigstens im Kontext dieses Beitrages sollten diesem Wort die Konnotationen von Progression und Chronologie genommen werden.

und als technische Evolution bezeichnen könnte. Zu fragen wäre, ob man diese Psycho-Techno-Evolution in zwei Evolutionen teilen kann. Kann man *psycho* und *techno* voneinander trennen? Kann man eine schizoid-paranoide Position einnehmen und die Anthropogenese in die Entwicklung des guten, humanen, kultivierten, zivilisierten, demokratischen, natürlichen Menschen einerseits und andererseits in die unheimliche, technokratische, maschinell-vampiristische Entwicklung aufspalten, die einen irreduziblen Vektor von Aggression und Bedrohung enthält? Kann man *psyché* und *techné* trennen? Das Kompositum der Menschmaschine auseinandernehmen?

Eine Version dieser Spaltung firmiert unter dem Paradigma »Kontrollverlust des Menschen über den mechanischen Gehilfen«. Der Fall des Golems. Der Automat wird autonom. Dies ist eine der ideologischen Matrizen des Animationsfilms *Animatrix*.[5] Warum überhaupt ist hier auch vom Kino die Rede? Eine ganze Reihe von Gründen lässt sich dafür anführen:

Erstens interessiert hier das Kino deshalb, weil die Relationen zwischen Mensch und Maschine – von *Metropolis* bis zu *Animatrix* – im Kino ein ganzes Genre ausmachen. Die schizoid-paranoide Aufsplitterung Mensch/Maschine ist in diesem Genre unvermeidlich.

Zweitens ist das Kino mittlerweile eines der größten ideologischen Archive und speziell die Psychoanalyse kann nicht umhin, sich für die in der Psychosphäre dominierenden Programme zu in-

5 *Animatrix*, Regie: Peter Chung et. al., USA/Japan 2003.

teressieren. Das Kino ist eine psychoaktive Projektionsfläche der Ideologie *und* zugleich ein ideologisches Programm.

Drittens ist das Kino eine derjenigen Projektionsflächen, eines jener Interfaces, die uns den psychotechnologischen Apparat vorführen. Die psychische Realität des Subjekts wird im Kinodispositiv exteriorisiert, nach außen projiziert. Die psychische Realität konstituiert sich jenseits der Leinwand. Die projizierende Identifikation erlaubt dem Subjekt, *sich immer wieder von Neuem* nach *vorgesetzten Bildern* des Anderen zu konstituieren. Dieser Andere muss nicht immer ein Mensch sein, er kann auch eine Maschine sein. Das Kino führt die projizierte Konstituierung der Außenwelt bzw. der Umwelt generell vor Augen. Das Kino zeigt die Konstitution des Ich auf Kosten von Selbstentfremdung, aufgrund einer beständigen Subtraktion von sich selbst.

Viertens ist das Kino vor allem in technologischer Hinsicht bemerkenswert. Die Technologie der Kinorepräsentation entspricht zugleich auch der Frage nach dem Verändern des Unbewussten.

Animatrix ist diesbezüglich so interessant, dass der Film gesonderte Beachtung verdient. Die Animation, die Animatrix, ist ja nichts anderes als die lebendig gewordene Matrize, die lebendig gewordene generierende Maschine. Die Computeranimationen und die Halluzinationen der Animatrix sind gewissermaßen ›realer‹ als das sogenannte ›reale‹ Kino. Das Kino wie auch der Traum lassen die Problematik des Begriffs ›Realität‹, ›Reales‹ deutlich werden.

Sowohl in *Animatrix* wie auch in den Filmen der *Matrix*-Reihe[6] wird die Frage nach der Realität zur Schlüsselfrage. Die Realität wird infrage gestellt. Ganz schematisch betrachtet, dreht sich die Geschichte der *Matrix*-Reihe um das Wissen einiger weniger Leute davon, dass die Menschheit keineswegs in einer realen Welt lebt, sondern in einer künstlichen Matrix, einer symbolisch generierten Welt ähnlich der einer Computersimulation. Die Mission der Eingeweihten besteht darin, der Matrix-Ideologie diverser Mister Smith-Maschinenmenschen Widerstand entgegenzusetzen. Die Eingeweihten werden somit zu Hackern ideologischer Programme, ihre Mission besteht darin, die Illusion von einer Existenz abseits der symbolischen Matrix zu nähren.

Die *Animatrix* ist übrigens auch in anderer Hinsicht bemerkenswert. Eines ihrer ideologischen Programme führt genau jene Aufteilung der Evolution vor, von der oben die Rede war. In der Episode *Die zweite Renaissance* wird die Geschichte gemäß der fundamentalen Illusion dargestellt: *Am Anfang war der Mensch*, und erst danach schuf sich dieser Maschinen nach dem Muster seines eigenen Vorbildes. Maschinen sind demnach Projektionsgeschöpfe, das Verhältnis von Mensch und Maschine ist das von Herr und Knecht. Selbstverständlich müssen die Sklaven irgendwann einmal aufständisch werden und die Herren müssen diesen Aufstand selbstver-

6 *Matrix*, Regie: Andy Wachowski und Larry Wachowski, USA 1999; *Matrix Reloaded*, Regie: Andy Wachowski und Larry Wachowski, USA 2003; *Matrix Revolutions*, Regie: Andy Wachowski und Larry Wachowski, USA 2003.

ständlich niederschlagen. Schließlich müssen die Maschinen fliehen und Unterschlupf in der Wiege der menschlichen Zivilisation finden. In der Folge löst die Produktivität des Maschinenstaates die ökonomische Ordnung des Menschen auf, und die Maschinen werden so dreist, Aufnahme in die UNO zu fordern. Sie werden selbstverständlich zurückgewiesen. Darüber hinaus plant die Menschheit in einer Operation namens »Dark Storm« die Maschinen zu vernichten. Die Menschen greifen die Wiege ihrer eigenen (!) Zivilisation an, um den Irak von der Hauptenergiequelle der Maschinen, der Sonne abzuschneiden: »Dark Storm« ist somit eine Autoaggression.

In *Animatrix* ist die herrschende schizoid-paranoide Selbstdefinition des Menschen zu erkennen. Die Konstituierung einer eigenen Identität basiert auf der Projektion der technischen Welt ins Außen. Die Maschinen sind damit Sklaven, Werkzeuge, *tools* zur pragmatischen Nutzung. Die Existenz von Maschinen in einer Welt von Simulation lässt ein weiteres Mal die ebenso technische wie theologische Frage aufkommen: In wessen Welt lebt der Mensch? Wie kann man feststellen, dass diese Welt die Wirklichkeit und keine Simulation ist? Die Antwort des ›Menschen‹ aus *Animatrix* lautet: »Ich weiß, dass dies die Wirklichkeit ist, weil ich gerade nicht schlafe.« An diesen ›Menschen‹ wäre die Frage zu stellen: »Du kennst also die Wirklichkeit nur dank des Schlafes?« Seine Antwort würde lauten: »Nein, ich weiß überhaupt nichts von der Wirklichkeit, ich weiß allein, dass ich denke, dass ich einen Verstand (*mind*) besitze.« Wenn die Erkenntnis auf der

Grundlage der Opposition von Träumen/Wachen, Halluzinieren/Wachen, Kino/Wachen operiert, firmiert Denken immer als äußerste Grenze der Erkenntnis.

2. Und Menschen haben Sie keine gesehen?

Die Idee von Maschinenmenschen gibt es schon lange. Zu ihr gehören der Golem, Frankenstein, die Puppe Olimpia, Cyborg, Transers, E-123 Omega und der Terminator, der Replikant, der Klon und viele andere Produkte der Technoimagination. In dieser Galerie findet sich auch die Entwicklung des Menschen als Maschine. Die Geschichte der technischen Entwicklung, die Geschichte ideologischer Paradigmen und deren Wechselbeziehungen zu Vorstellungen vom Maschinenmenschen und vom Menschen als Maschine wären eine Untersuchung wert.

Man bedenke: Psychologisch verhält sich der Mensch nach Art und Weise seiner Maschinen. Nach dem Muster seiner Projektionen. Gewisse Operationen führt er weitgehend gedankenlos aus, er handelt ›automatisch‹, ist ›auf Autopilot‹ geschaltet. Er kann etwas mechanisch tun, wie eine Maschine agieren. Darüber hinaus kann er vieles überhaupt nicht ausführen, wenn er nur einen Gedanken darauf verwendet, wie er dies tut.

Was überhaupt macht den Menschen aus? Kann er überhaupt definiert werden? Im Jahre 1747, in einer Epoche von Bestimmungen und Klassifizierungen, behauptet Julien Offray de La Mettrie: Der

Mensch ist eine dermaßen komplizierte Maschine, dass es vollkommen unmöglich ist, von ihr eine genaue Vorstellung zu haben und sie a fortiori präzise definieren zu können.[7] La Mettrie und die Enzyklopädisten der Aufklärung geben Bestimmungen von allem, nur nicht von sich selbst.

Die Unmöglichkeit, den Menschen zu definieren, beruht nicht allein auf der Kompliziertheit dieser Maschine, sondern auch darauf, dass diese Reflexionen Projektionen sind. Sie beruht auf der Verdoppelung, mit der das Aufkommen des technoiden Hominiden einhergeht. Für sich selbst stellt der Mensch nicht mehr als die reflektierende Oberfläche der Projektionsleinwand dar. Das Auge sieht einen blinden Fleck. Das Auge sieht nichts. Der Blick blickt und sieht nur Verstandesbegriffe. Die Frage hallt als Echo wider.

3. Der Mensch als Maschine: Made in La Mettrie

Was also tun? Man kann entweder – wie die Philosophie – die Natur des Echos untersuchen, oder man verwandelt den Menschen in ein Untersuchungsobjekt, vergleichbar anderen derartigen Objekten, wie es die Psychologie tut. Dies sind zwei Vektoren: Der eine führt zum Schirm des Psychischen und Unbewussten, der andere zum Verhalten von Organen, die von der Festplatte des Gehirns gesteuert werden. Der Vektor zum Menschen der Maschine oder der Vektor zur Maschine Mensch.

7 La Mettrie, Julien Offray de: *L'homme machine / Die Maschine Mensch* (frz./dt.), übers. v. Claudia Becker, Hamburg 1990.

Folgt man La Mettrie, erreicht man den Menschen von Seiten der Maschine. La Mettrie beginnt seinen Traktat mit methodologischen Bemerkungen: Er *stützt sich* auf die Erfahrung. Er nimmt – um sein Wort aufzugreifen – den »Stab der Erfahrung« (*bâton de l'expérience*) und rührt die Geschichte aller fruchtlosen philosophischen Spekulationen gar nicht an. Die Empirie ist sein Stab, seine Prothese.

Die Analyse der ›Maschine Mensch‹ beginnt La Mettrie nach der Art künftiger Psychoanalytiker: mit Geisteskrankheiten. Während dieser Erkrankungen zeige die Seele entweder keine Lebenszeichen, oder sie spalte sich auf: entweder der melancholische Schmerz – der Ichverlust – oder die schizophrene Ichspaltung. Die Ursache dieser seelischen Zerrüttungen wird in Analogie zur Verschmutzung und Abnutzung innerer Organe gesehen. Die Vorstellungskraft wird verschmutzt und führt dann zu Hysterie und Hypochondrie, zur Verwandlung in Werwölfe und Vampire.

Von den psychischen Zerrüttungen der Maschine Mensch geht La Mettrie zur Analyse des Schlafzustandes über. In Relation zur Verlangsamung der Blutzirkulation breitet sich ein angenehmes Ruhegefühl in der ganzen Maschine aus. Auf die Beschreibung des Schlafes lässt La Mettrie die Beschreibung der Maschine Mensch unter dem Einfluss von Opium folgen. Ein Paradox sieht La Mettrie darin, dass Opium den Menschen in einem Zustand glücklich sein lässt, der an den Tod erinnert. Der Mensch genießt einen Zustand, der eigentlich ein Grab für seine Sinne sein müsste. Der Mensch genießt gleichsam den Zustand, Maschine zu sein.

Nach der Beschreibung psychischer Störungen, des Schlafes und der Wirkung von Narkotika ändert La Mettrie seinen Blickwinkel: Er fragt nun nach den Bedürfnissen der Maschine Mensch. Der menschliche Körper, schreibt er, ist eine sich selbst antreibende Maschine, die lebendige Verkörperung pausenloser Bewegung. Der Mensch wird von seinem Nahrungsinstinkt angetrieben, denn nur Nahrung kann die Kräfte des Körpers und der Seele wiederherstellen. Die Gedanken, das Benehmen, die Stimmung, alles hängt vom Zustand der Maschine ab. Die verschiedenen Zustände der Seele entsprechen immer analogen Zuständen des Körpers. Im Geiste jedoch herrscht die Imagination: Nicht bloß bei Maschinen mit psychischer Störung, auch bei einwandfrei funktionierenden Maschinen!

La Mettrie ist davon überzeugt, dass alle Manifestationen des Geistes auf die Imagination rückführbar seien. Die Imagination ist die Animatrix von La Mettrie. Urteilsvermögen, Denkfähigkeit, und Gedächtnis sind keine absoluten Teile des Geistes, sondern Modifikationen der – wie er schreibt – eigenartigen ›Leinwand des Marks‹ (»toile médullaire«), auf der sich wie bei einer Zauberlampe die aufs Auge treffenden Gegenstände abzeichnen. Dieser Technogedanke führt La Mettrie zu noch radikaleren Schlussfolgerungen: Wenn überhaupt alles von der Imagination wahrgenommen wird und von dieser erklärt werden kann, so führt die Aufteilung des Sinnlichen und Intelligiblen im Menschen zu nichts. Die Imagination dient zur Dekonstruktion der platonischen Konzeption von Sinnlichkeit und Verstand.

Darüber hinaus leistet die Imagination auch die Funktion der Wahrnehmung. Es ist jedenfalls unzweifelhaft, schreibt La Mettrie, dass allein (»seule«) die Imagination wahrnimmt. Bleibt hier nur, im Geist von Freud-Lacan zu verkünden: Es gibt keine Wahrnehmung! La Mettrie fordert dazu auf, sich vom »Stab der Erfahrung« leiten zu lassen. Als Echo ertönt ein anderer La Mettrie: Es gibt keine Empirie! Denn allein die Imagination stellt sich alle Gegenstände mit Hilfe der sie charakterisierenden Wörter und Bilder vor. Allein die Imagination ist für die Semiose verantwortlich. Wie La Mettrie zeigt, nimmt die Imagination genau das wahr, was de Saussure das Zeichen, Freud Wort- und Sachvorstellungen und Lacan das Universum der Signifikanten nennt.

Nach einigen Seiten übrigens ändert La Mettrie seinen Standpunkt und entdeckt im Geist eine Kraft, die dem Psychomonopol der Imagination Paroli bieten kann: den Verstand. Die Imagination muss unbedingt befriedet werden, andernfalls bleiben alle Relationen, wie Lacan sagen würde, auf der illusorischen Ebene des imaginären Registers, ohne Strukturierung durch das Symbolische. La Mettrie warnt: Wird die Imagination allzu sehr sich selbst überlassen, beschäftigt sie sich beinahe immer mit der Betrachtung ihrer selbst im Spiegel der eigenen Empfindungen. Ein Mensch, bei welchem das Imaginäre den Verstand dominiert, lässt sich stärker von Bildern und Eindrücken leiten, als deren Echtheit oder Realitätsgehalt nachzuspüren. La Mettrie schlägt vor, vom illusorischen Imaginären zur Maschine der Vernunft zurückzukehren, die er im Apparat ›Gehirn‹ ortet.

Wenden wir uns kurz von La Mettrie ab und verwandten aktuellen Definitionen von Maschine zu. Die *Encyclopedia Britannica* beginnt ihren Artikel mit der archaischen Bedeutung: Eine Maschine ist etwas Konstruiertes, egal, ob materiell oder immateriell. Nach einer kybernetischen Definition ist eine Maschine ein beliebiges materielles System, dessen Funktionieren vollends von seinem inneren Zustand und von äußeren Bedingungen bestimmt ist. Eine weitere Definition aus einem enzyklopädischen Wörterbuch: Eine Maschine ist eine Vorrichtung, die mechanische Bewegungen ausführt, um Energie, Materialien oder Information zu verändern.

Nach der heute vorherrschenden wissenschaftlichen Ideologie ist der Mensch ein System, dessen Aktivität völlig von seinem inneren Zustand und von Bedingungen seiner Umwelt determiniert ist. Selbstverständlich bezeichnet heutzutage niemand den Menschen als Vorrichtung, die mechanische Bewegungen ausführt. Der Mensch wird ›bloß‹ nach behavioristischen und epistemologischen Paradigmen beschrieben. Außerdem beschreibt die immergleiche ideologische Maschinerie den Menschen in Begriffen von Energie-, Material- und Informationsumwandlung bzw. -verarbeitung. Dabei bedient diese Maschinerie diverse Industriezweige: die Pharmakologie und die Silikonindustrie sowie die Massenmedien.

Eine Maschine ist zur Wiederholung und zur mechanischen Reproduktion fähig. Ist aber der Mensch nicht ebenfalls dazu angehalten, ein und dieselben Ausdrucksweisen, Wörter, Gesten, Affekte, Lebenssituationen zu wiederholen? Seine Existenz vom

Vortag wieder aufzunehmen, andere nachzumachen, gemäß der unsichtbaren Ordnung des großen Anderen die Wiederholung zu wiederholen?

Warum ist die Maschine Mensch eine Maschine? Was macht den Menschen zum Menschen?

4. Sprechende Organe

Gewöhnlich hält man ein zweites Signalsystem, welches das erste verdoppelt, für das Kennzeichen des Menschen: die Sprache. Der Mensch ist ein sprechendes Wesen. Der Mensch spricht. Spricht aber der Mensch oder wird durch den Menschen gesprochen?

Um die Wende zum 20. Jahrhundert arbeiten Viktor Chrisanfovič Kandinskij und Gaëtan Gatian de Clérambault das Phänomen des psychischen Automatismus aus. Das Kandinskij-Clérambault-Syndrom setzt in der Psyche die Stimme des Anderen an. Der Automatismus wird mit dem Vorhandensein einer psychischen Maschine im Geist erklärt, welche unmöglich kontrolliert werden kann. Ein innerer mechanischer Parasit dominiert die psychischen Zustände des Menschen.

Der psychische Automatismus zeigt Lacan, ein ehemaliger Schüler Clérambaults, wie der Mensch zum Menschen wird ›und dabei‹ von der Sprache, den Instruktionen eines mechanischen Anderen versklavt wird. Dieses elementare Kennzeichen der Psychose legt die Technoverbindung des Subjekts mit dem Sprechen und den Gedanken frei, die in der Außenwelt zu hören sind. Dieses Phänomen ist jedoch nicht bloß das eines Psychotikers, sondern das des Menschen überhaupt; auf einem seiner letzten Seminare erklärt Lacan: Der psychische Automatismus ist etwas Normales.

Wenn ein Mensch sagt: »Mir ist soeben ein Gedanke gekommen«, so wird auch durch diese Redensart das von außen kommende Fremdkörperhafte der Gedanken unterstrichen. La Mettrie bemerkt, dass in Situationen, in denen der Mensch maschinell redet, in denen er jeden Unsinn ausspricht, der ihm gerade einfällt, er selbst überhaupt nichts von den eigenen Worten versteht. La Mettrie verweist auf das unbewusste Sprechen und erklärt dies organisch: Im Gehirn eines solchen Menschen agieren die Sprachnerven ohne Kontrolle. Freud, der Vorläufer Lacans, formuliert auf der Grundlage des von außen kommenden Sprechens die Grundregel der Psychoanalyse: All das auszusprechen, was einem gerade in den Sinn kommt. Woher kommt dies aber?

Der Gedanke kommt von einem anderen psychischen Schauplatz, einem Schauplatz, der niemals der *eigene* Schauplatz wurde, der niemals ange*eignet* worden ist. Freud nennt ihn das Unbewusste. Das Echo der klassischen philosophischen Reflexion wird mit dem Auftauchen dieses Schauplatzes vielstimmig. Freud betont, dass der Gedanke an der Stelle von Wahrnehmungsspuren entsteht, weshalb er *erneut* als von außen kommend *wahrgenommen* wird, wenn er jemandem einfällt.

Die Reproduktion des Gedankens setzt eine *Rückkehr* zu seiner Wahrnehmung voraus. Ausgerechnet das *nachträgliche* Bewusstwerden des Gedankens, seine Reproduktion auf einem Schirm macht den Übergang zur Wahrnehmung ›im Außen‹ aus. In dieser ›reproduzierenden Verdoppelung‹ wird der Gedanke automatisiert. Man kann bloß Lacan ›wiederholen‹: Der psychische Mechanismus ist normal.

Hervorzuheben wäre auch, dass das automatische Funktionieren der Maschine Mensch nicht bloß besagt, dass der Andere, das Unbewusste, Gott sie steuert, sondern dass auch dieser Andere dem Automatismus unterworfen ist. Dieses wechselseitige In-Funktion-Setzen des Menschen und der Maschine unterstreicht Lacan in *Das Drängen des Buchstaben im Unbewussten oder die Vernunft seit Freud* (»L'instance de la lettre dans l'inconscient ou la raison depuis Freud«),[8] wenn er vom *Deus ex machina* spricht, der alle Lächerlichkeit verliert, sobald dem Zuschauer klar wird, dass die Maschine auch den Regisseur steuert. Dass der Mensch eine konstruierte materielle und immaterielle Maschine ist, impliziert nicht, dass es einen Konstrukteur jenseits der Konstruktion gibt.

Was macht den Menschen zum Automaten? Um es nochmals zu wiederholen: In der Tradition von Freud und Lacan steuert das wie eine Sprache strukturierte Unbewusste die Maschine Mensch. Die Maschine Mensch taucht mit ihrer Geburt in ein System symbolischer Relationen ein und wird in einen reproduzierenden Mechanismus eingespannt. Die Maschine spricht. Es spricht die Maschine!

8 Lacan, Jacques: »Das Drängen des Buchstaben im Unbewussten oder die Vernunft seit Freud« in: Ders.: *Schriften II*, hg. v. Norbert Haas, 2. Aufl. Weinheim/Berlin 1986, 15-59.

Für Lacan schreibt die symbolische Ordnung die Existenz des Menschen in Ketten von Signifikanten ein, der Mensch existiert als Signifikant, der für andere Signifikanten Signifikant ist. Dieses Einschreiben hat maschinellen Charakter. Es geht jedoch nicht bloß um vampiristische Einschreibungen der Signifikanten, sondern auch um die grundlegende Eigenschaft der Signifikanten selbst: um ihre Wiederholbarkeit. Das Einschreiben des Menschen in die symbolische Ordnung führt ihn in ein Feld insistierender Einschreibungen, automatischer Reproduktionen. Die symbolische Ordnung entsteht mit der Negation des Realen und lässt dieses zugleich entstehen, indem sie es verdoppelt und sich von ihm entfernt.

Die Aktivität des Symbolischen wird im Wesentlichen bereits von La Mettrie beschrieben. La Mettrie spricht davon, dass Wörter und Bilder im Kopf Spuren hinterlassen, mittels derer Gegenstände wiedererkannt und unterschieden werden können. Dabei wären die Wörter und die von diesen bezeichneten Bilder in unserem Gehirn so eng miteinander verknüpft, dass man sich kaum einen Gegenstand vorstellen könne, ohne diesen mit einem Namen oder einem Zeichen zu benennen. Zwei Momente sind hier hervorzuheben: Zum einen unterstreicht La Mettrie in *L'homme machine* die primordiale Bedeutung der Signifikanten, um mit de Saussure und Lacan zu sprechen. Zum anderen erfolgt die Semiose nicht im Geist, sondern in den Organen, im Gehirn. Das Organ ist für das Sprechen verantwortlich.

1748, ein Jahr nach der Erstpublikation von *L'homme machine*, schreibt Denis Diderot seinen

Roman *Die geschwätzigen Kleinode* (*Les bijoux indiscrets*),[9] in welchem er die Gabe des Sprechens dem Körper, oder besser gesagt, demjenigen Teil des Körpers verleiht, der traditionell am wenigsten als von der Seele bzw. dem Verstand kontrolliert angesehen wird. Dieses Thema der Unkontrollierbarkeit taucht in zahlreichen literarischen Werken auf, so etwa in Puškins *Zar Nikita und seine 40 Töchter* (*Car' Nikita i sorok ego dočerej*),[10] wo die Geschlechtsorgane ihren sogenannten Besitzern davonlaufen, die sie daraufhin einzufangen versuchen. In anderen Beispielen kommt es nicht zu einer Fragmentation des Körpers: Anstelle eines psychotischen ›Chaosmos‹ kann ein Skandal der Organe beobachtet werden, ein Konflikt partikulärer Neigungen. Der Mensch wird nicht in Mensch und Maschine geteilt, sondern die Maschine Mensch in ihre einzelnen Teile. Zwei Stimmen verdoppeln den Körper, so beispielsweise in Henri Xhonneux' Animationsfilm *Marquis* über das Leben de Sades (1989).[11] Der Marquis steht in fortwährendem Konflikt mit seinem Glied, er polemisiert ständig mit seinem Geschlechtsorgan. Er hat zwei sprechende Organe: Die polymorph-perverse Konstitution macht die permanente Neuordnung dieser Organe vonnöten.

Im Roman Diderots sprechen die Organe, die geschwätzigen Kleinode, es sprechen die Schamlippen. Wie aber sprechen sie? Leidenschaftslos, unwillkürlich, maschinell, immer an dem einen, an

9 Diderot, Denis: *Die geschwätzigen Kleinode*. Leipzig 1983.

10 Puschkin, Alexander: *Zar Nikita und seine 40 Töchter*. Heidelberg 1998.

11 Belgien/Frankreich 1989.

dem ihnen nahen Thema festhaltend. Sie wiederholen sich ständig. Sie sprechen automatisch. Sie sprechen organisch.

Diderot entwickelt in dem Roman seine Konzeption des Automaten Mensch. Die Besitzerinnen der sprechenden Schamlippen sind Maschinen, denn die Seele, die nichts anderes als die Folge der körperlichen Organisation ist, spricht durch diese. Die Seele existiert nicht losgelöst vom Körper. Mehr noch, sie ist Funktion des Körpers selbst. Es ist der Körper, der durch die Seele spricht. Die Seele ist das Organ der Organe.

Die Sprache des Körpers, die Sprache der Organe, der Schamlippen ist die Sprache des Wunsches, und der Wunsch kann praktisch nicht von der physischen Organisation unterschieden werden. Er ist eine Funktion der körperlichen Organisation. Der Wunsch ist von maschineller Natur, wie seine Hartnäckigkeit, Aufdringlichkeit, Wiederkehr anzeigen. Es ist daher nicht verwunderlich, dass bei La Mettrie jedes Wesen sprechen kann, das Sprechorgane hat.

La Mettrie spricht von den Federn der menschlichen Maschine, mittels derer alle automatischen Bewegungen erfolgen – der Körper zuckt automatisch zusammen, wenn er vor einer sich plötzlich auftuenden Schlucht erschrickt, die Pupillen verengen sich bei starkem Lichteinfall, die Poren schließen sich bei Kälte, sogar schon Kinder haben bei Reizung eine Erektion des Gliedes. Neben diesen automatischen Bewegungen existiert noch eine Kraft, die als Quelle aller Gefühle, Lustempfindungen, Leidenschaften und Gedanken gelten kann. Dieses Organ hat seinen

Sitz im Gehirn, es hat Muskeln, um denken zu können. Dieses Organ ist die Seele.

Die Seele ist ein empfindender materieller Teil des Gehirns. Sie ist, wie La Mettrie schreibt, das Herzstück unserer Maschine. Sie nimmt Einfluss auf alle übrigen Elemente und kommt vor ihnen auf die Welt. Alle anderen Elemente sind Produkte dieses Steuerungszentrums. Man bemerke, dass im Unterschied zu Descartes' Tier-Maschine der menschliche Automat Diderots und die Maschine Mensch La Mettries eine Seele haben, und zwar besteht diese in der körperlichen Organisation selbst. Wie für Diderot allein die Organisiertheit und das Leben die Seele ausmachen, hängen für La Mettrie alle Fähigkeiten der Seele von einer besonderen Organisiertheit des Gehirns bzw. des gesamten Körpers ab. Alles, was der Mensch von sich denkt, verdankt er dieser Organisiertheit. Eine zweite Besonderheit der Maschine Mensch sieht La Mettrie in der Bildung. Die Organisiertheit und die geistige Bildung machen die symbolische Ordnung aus, in welcher allein das Funktionieren der Maschine Mensch möglich ist.

Wenn alle Fähigkeiten der Seele so sehr von der besonderen Organisiertheit des Gehirns und von Bildung abhängen, erhält man als Resultat: Der Mensch ist eine aufgeklärte Maschine. In seinem letzten Werk, *Système d'Épicure* (1750),[12] spricht La Mettrie davon, dass er die Menschen gerade deshalb schätzt, weil er sie allen Ernstes für Maschinen hält. Es mag eigenartig erscheinen, aber gerade in der Maschinenhaftigkeit besteht die Möglichkeit einer

12 La Mettrie, Julien Offray de: »Le Système d'Épicure« in: Ders: *Œuvres philosophique, nouvelle édition*, Bd. 2. Berlin 1796, 3-48.

Ethik der Maschine Mensch. Am Ende von *L'homme machine* schreibt La Mettrie: Ein Materialist, der trotz allfälliger eigener Eitelkeit davon überzeugt ist, bloß eine Maschine zu sein, wird sich zu seinesgleichen nicht schlecht verhalten, kennt er doch das Wesen von deren Handlungen und möchte nicht anderen etwas zufügen, was er selbst auch nicht zugefügt bekommen möchte. Gerade auch die Maschine wird also vom kantischen kategorischen Imperativ geleitet.

Eine andere Form nimmt dieser Imperativ an, wenn es um die Relationen zwischen den Organen geht. Diderot spricht davon, dass unsere »Kleinode« unser Verhalten regeln. Diese Phrase kann aus der Sicht seiner Theorie vom Despotismus der Organe interpretiert werden. Die Organe sind die Herren. Man kann diese Phrase aber auch aus der Sicht der unbewussten Wünsche verstehen, aus der Sicht der polymorph-perversen Konstitution der Organe, der insistierenden Wiederholung des symbolischen Gesetzes.

Sprache und Denken als die Kennzeichen des Menschen erweisen sich somit als Mechanismen seiner Automatisierung. Laut Freud ist das Denken vor allem ein unbewusster Vorgang. Es wird erst dann bewusst, wenn es eine vorbewusste Verbindung mit Wortresten bildet. Denken ist eine ökonomische Form, die Umwelt auf der Grundlage des Realitätsprinzips an sich anzupassen. Denken ist tentatives Handeln, das durch Verlagerungen kleinerer energetischer Aufwendungen erfolgt. Denken ist eine neue Form der Technik, die Relationen von Außenwelt und Innenwelt zu regeln.

Nach der psychoanalytischen Theorie der Anthropogenese ist diese Anpassung eine Anpassung der Prothesen. Bekanntlich hat Freud 1930 in *Das Unbehagen in der Kultur*[13] den Sinn der kulturellen Entwicklung (im weitesten Sinne des Wortes) darin gesehen, der Umwelt Prothesen zu verpassen. Die Anthropogenese ist immer schon eine Technogenese, wie aus Freuds Theorie der Prothesen, aus Marshall McLuhans Theorie der Verlängerung der Organe und aus Bernard Stieglers Theorie der ›Epiphylogenese‹ deutlich wird.

Die schizoid-paranoide Tendenz, eine Reduktion seiner selbst vorzunehmen, sein Selbst vom Nicht-Selbst zu säubern, führt zur Projektion der Technoprothesen ins Außen. Wo aber verläuft die Grenze dieser Operation der totalen Homogenisierung? Wie würde ein restlos reiner Mensch aussehen? Was bleibt von dieser Selbstdemontage übrig? Lacan sagt: Selbstverständlich sind falsche Zähne nicht Teil des eigenen Ich, aber in welchem Maß wären dies denn die echten Zähne?

Um dorthin zurückzukehren, wovon wir ausgegangen sind, von den zwei Evolutionen nämlich: Man kann von einer gemeinsamen Anthropogenese des Organischen und des Anorganischen sprechen. Oder, in den Worten Steven Spielbergs *A. I. – Artificial Intelligence,*[14] von einer Evolution des Organischen und des Mechanischen, einer Evolution der Relationen von Orga und Mecha.

In *Artificial Intelligence* sagt das Mecha-Kind:

13 Freud, Sigmund: *Das Unbehagen in der Kultur*. Frankfurt a. M. 1994.

14 USA/Großbritannien 2001.

»Ich bin nicht Pinocchio, ich bin David.« Im Augenblick einer solchen Negation verstehen wir selbstverständlich sofort, dass wir es mit einem neuen Modell von Pinocchio zu tun haben. Die Funktion von Papa Carlo hat das Unternehmen »Cybertronics« übernommen. Das Stück Kiefernholz wird von einer Konstruktion aus Proteinen und Silikon abgelöst. Das Unternehmen löst den Vater ab. Den halborganischen David und den anorganischen Pinocchio eint ein großer Wunsch: ein wirklicher Junge zu werden.

Ein interessantes Detail der Story besteht darin, dass in *Artificial Intelligence* der einmalige Eigenname Pinocchio vom verbreiteten Namen David abgelöst wird. Nachdem David am Ende seiner Reise im Hause seines Vaters, dem Unternehmen »Cybertronics«, angelangt ist, entdeckt er sofort seinen Doppelgänger, der ein Konkurrent im Kampf um die eigene Identität, ein Rivale im Kampf um die Mutter ist.

»Du – bist du ich?«, fragt David.

»Ich bin David«, hört er als Antwort.

David ist aber einmalig, es kann keine anderen Davids geben. Einer der beiden muss gewiss eine Kopie sein, denkt David menschlich-naiv. Die Wirklichkeit setzt die Nicht-Wiederholbarkeit voraus. David spürt, dass er nur dann zu einem wirklichen Jungen werden kann, wenn er seinen Doppelgänger vernichtet und aus seinem Gehörraum das automatische Echo »Ich bin David« entfernt. Wenn er jedoch seinen Doppelgänger beseitigt, nimmt er zugleich sich selbst aus dem eigenen Weltbild. Die Aggression, die auf den Doppelgänger gerichtet ist,

ist ein irreduzibles Element der Regression in das Spiegelstadium.

David möchte nicht bloß ein wirklicher Junge werden. Er möchte wirklich werden, um die Liebe einer Mutter zu erringen. Diese Liebesbezeugung wird ihm zur narzisstischen Anerkennung seiner selbst als Liebesobjekt werden. Hingegen versucht der Unternehmervater von »Cybertronics« David davon zu überzeugen, dass er bereits zum wirklichen Jungen geworden ist. Ihn der Unaufrichtigkeit zu verdächtigen, ist nicht unbedingt angebracht. Die Welt des Vaters ist ebenfalls eine Welt, eine Welt der Wiederholung, Verdoppelung, der mechanischen Reproduktion, der Maschine. David ist ein richtiger Junge, ein richtiger Mensch, der nicht allein durch denselben Namen wie den Namen anderer Kinder gekennzeichnet ist, sondern auch durch denselben Wunsch, real zu werden. Der Unternehmervater sagt ihm: Du bist ein Mensch, denn du hast Wünsche und bist dazu in der Lage, das Gewünschte auch zu erreichen. Aus dem Unternehmervater Davids spricht in dieser Situation der *common sense*, er hat eine weitaus weniger adäquate Vorstellung vom Realen als ein Mecha, der offensichtlich besser als ein Orga den angeeigneten, maschinellen Charakter des Wunsches versteht. Das Vorhandensein eines Wunsches allein bedeutet weder Einmaligkeit noch Existenz noch Wirklichkeit. Letztendlich ist der Wunsch Davids der, Objekt der Begierde der Mutter zu werden.

In der Verfolgung seines Wunsches bemüht er sich, über die Grenzen der paternalen-korporativen Reproduktionsmatrix hinauszugehen. David gelangt so in die Matrix, in die Gebärmutter des Unternehmens »Cybertronics« und steht vor einem unendlich langen Fließband, das nur Davids erzeugt. Er ist ein Geschöpf mechanischer Reproduktion. Eine solche Animatrix gefällt ihm überhaupt nicht. Eine Animatrix ist eine Antimatrix. Es gibt nur einen Ausweg auf dieser Jagd nach dem Realen: den Selbstmord. Mit dem Wort »Mama« auf seinen Lippen stürzt sich David vom »Cybertronics«-Hochhaus ins Wasser. Möglicherweise hilft ihm der Tod, sein wahres Selbst zu finden. In ferner Zukunft, wenn von der Menschheit nicht mehr viele Spuren übrig geblieben sind, wird David seine Einmaligkeit, seine Existenz und seine Wirklichkeit entdecken: Nach seinem Tod wird er zum Menschen, im Land, in dem die Träume entstehen, im Unbewussten. Dort, wo die Wunschmaschine gestartet wird.

5. Der Wunsch der Maschine

Hat aber der Unternehmervater nicht vielleicht doch Recht, und den Menschen zeichnet das Wünschen aus?

Die Antwort von Denis Diderot und Julien Offray de La Mettrie lautet: Der Wunsch ist die Folge der physischen Organisation. Der Wunsch hat maschinellen Charakter. Dass der Mensch etwas wünscht oder auch nicht wünscht, wird vom Zustand seines Gehirns bestimmt, der seinerseits von inneren und äußeren materiellen Ursachen hervorgerufen wird, die dem Besitzer eines solchen Gehirns nicht einmal klar sind. Die Wünsche entstehen, ohne dass der Träger des Gehirns wüsste, warum. Etwas mehr

als 200 Jahre später setzen Gilles Deleuze und Felix Guattari das Gespräch über die Wunschmaschinen fort. Dabei unterscheiden sie zwei Begriffe: das Mechanische und das Maschinelle. Das Mechanische macht eine organisierte, zyklische Bewegung aus. Das Maschinelle wird mit dem transformierenden Potenzial von Partialobjekten verbunden.

Somit ist von Organen, Partialobjekten und deren Libidopotenzial die Rede. Der Wunsch ist einer solchen Bewegung zuzurechnen, er ist mit Energie verbunden. Sowohl der maschinelle wie auch der mechanische Wunsch können neu organisiert und auf das benötigte Objekt gerichtet werden. Der Wunsch kann gegen Kapital eingetauscht werden, seine Bewegung ist nicht zu stoppen. Die Welt des Kapitals produziert den Wunsch. Der Kapitalismus ist eine Maschinerie, welche die menschliche Energie ausbeutet. Man wird von dieser bereits im Stadium der Symbolisierung ergriffen, wenn das Kapital, das Gesetz installiert wird. Die Vorstellung davon, dass Personen als Energiequellen fungieren, als eine Art Batterie für Maschinen, ist im Archiv von *Animatrix*, der Matrize des Genres ›Maschine Mensch‹ angelegt. Dort findet man auch die Idee der gegenwärtigen Verwendung von Maschinen, u. a. auch der Wunschmaschine.

Die Wunschmaschine wird mit dem Eintritt in die symbolische Ordnung zusammengesetzt bzw. organisiert. Der Wunsch wird somit vom Mangel, von der Wiederholung, dem Tod organisiert. Für einen Menschen, der sich selbst nicht für eine Maschine hält, macht eben dies eine Maschine aus. Eine Maschine ist gekennzeichnet durch den Mangel (an

Gefühlen, Rede, Gedächtnis, Wünschen), durch Wiederholungen (von Handlungen, Wörtern, Programmen). Ihr Merkmal ist der Tod (sie ist, wenn schon nicht tot, so doch auch nicht lebendig). Die Maschinenhaftigkeit ist jedoch nicht allein Kennzeichen der Ordnung des Todes, sondern auch der sexuellen Ordnung. Diese Ordnung wird von den Wechselbeziehungen der dominierenden Ideologie mit den Massenmedien sowie mit der anscheinend ganz anders gearteten Sex-Industrie organisiert. Alle jedoch unterhalten ›technologisch‹ die Maschinerie des Autoerotismus und transformieren deren partielle Libido in Kapital. Beispielsweise mittels der permanenten Repräsentation von Partialobjekten auf Bildschirmen. Beispielsweise durch eine Prothese der Hand, die den Phallus ersetzen soll – durch einen Dildo.

Die durch die Maschine Mensch betriebene Propaganda der Ideologie einer Sex-Maschine stützt die kapitalistische Organisation, die sich mit dem unaufhörlichen Rhythmus der Reproduktion von Prothesen zufrieden gibt. Einer der beiden Begleiter Davids auf dem Weg zur Selbsterkenntnis in *Artificial Intelligence* ist tatsächlich eine Sexmaschine mit dem Namen Joe. Dieses Ideal-Produkt der Sex-Industrie sagt zu einer Frau, die noch niemals mit einem Mecha im Bett war: »Wenn du dich auf Sex mit einem Roboter einlässt, wirst du niemals mehr einen wirklichen Mann haben wollen.«

6. Programme des Affekts und des Gedächtnisses

Wenn wir berücksichtigen, dass sich ein Subjekt durch Identifikationen mit anderen konstituiert, wäre zu erläutern, dass diese anderen nicht unbedingt Personen sein müssen, es können auch Maschinen sein, wie im Spiel von Kindern deutlich wird, wenn beispielsweise ein Junge die Bewegungen einer Maschine – etwa eines Autos – imitiert. Er ist nicht nur Fahrer, nicht nur der himmlische Lenker des Autos, in welchem der Fahrer sitzt, er ist dieses Auto selbst. Man denke bloß an die Geräusche, die der Junge als Auto macht!

Bekanntlich erfolgt die Identifizierung über ein bestimmtes Merkmal, über einen »einzigen Zug«, wie es Freud ausgedrückt hat, über die Geräusche beispielsweise oder über Bewegungen. Dieses Phänomen unbewusster mechanischer Aneignung wird auch schon von La Mettrie beschrieben. Alles wird mit Hilfe von Zeichen erreicht, meint er, auf diese Art kann jede Gattung dasjenige erlernen, was sie zu erlernen vermag.

Noch größeres Interesse verdient der maschinelle Prozess der Identifizierung, wie er von La Mettrie beschrieben wird. Die Maschine Mensch übernimmt immer (!) unwillkürlich (!) die Züge derer, mit denen sie zusammenlebt. So wie der Mensch unwillkürlich die Lider schließt, wenn er einen Schlag erwartet, eignet er sich die Gesten und die Aussprache an. Der Mechanismus der projizierenden Identifizierung funktioniert dabei ähnlich wie bei der Betrachtung einer Pantomime: Der Körper des Zuschauers imitiert maschinell und unwillkürlich die Bewegungen eines guten Pantomimen. La Mettrie ist nahe an einer Beschreibung der projizierenden Identifikation des Kinobetrachters.

Die projizierende Identifikation geht mit projizierender Desidentifikation einher. Dies ist vor allem in der Projektion nach außen, auf die Technoszenerie der Terminatoren, Cyborgs und Replikanten zu erkennen. Die Frage nach deren Unterscheidung vom Menschen wird zentral, um bei ihrer Vernichtung nicht die Falschen zu treffen. Man muss sich sicher sein, es mit Replikanten, Kopien, Nicht-Menschen zu tun zu haben, um die anthropozentrischen Programme von deren Ausbeutung und Auslöschung rechtfertigen zu können. Das Verhältnis zu diesen Geschöpfen des Menschen muss kalkuliert und pragmatisch sein. Der Hauptheld aus *Blade Runner*[15] sagt: »Replicants are like any other machine. They can be a benefit or a hazard.« Ein Roboter, ein Bügeleisen, ein Computer, eine Mühle, eine Mischmaschine, eine Axt, sie alle können nach ihrer Nützlichkeit oder der mit ihnen verbundenen Gefahr beurteilt werden, nicht aber ein Mensch. Ein deutliches Beispiel für die schizoid-paranoide Aufspaltung.

Das Unternehmen Tyrell, das in *Blade Runner* die Replikanten herstellt, wirbt mit folgendem Slogan für sein Produkt: Sie werden etwas herstellen, das »menschlicher als der Mensch ist« (»more human than human«). Das Resultat gerät freilich nicht ganz planmäßig. Die Replikanten sind großteils Ausschussware des Unternehmens, die man möglichst rasch vernichten sollte. Sie sind Unmenschen unter Menschen, gefährliche Maschinen.

15 *Blade Runner*, Regie: Ridley Scott, USA 1982.

In der Story von *Blade Runner* ist überdies bedeutsam, dass die maschinellen Replikanten praktisch nicht von den Menschen zu unterscheiden sind. Ihr wohl einziger Unterschied ist der, dass sie auf einen baldigen Tod programmiert sind. Als Technoprojektionen der Maschine Mensch stellen sie für ihre Schöpfer ständige Erinnerungen an die eigene Vergänglichkeit dar. Sie sind ein lebendes *memento mori*. Schon dadurch erscheinen sie bedrohlich. Der Maschine ist vorherbestimmt, was für den Menschen unerwünscht ist. Nicht umsonst mahnt der Replikant: »We're not computers, Sebastian, we're physical.« Das Organische ist sterblich. Die Unsterblichkeit von Maschinen ruft daher Neid hervor. Totes kann ja nicht sterben. Die Wiederholung wiederholt sich.

In *Blade Runner* wird die Unterscheidung zwischen Menschen und den von ihnen geschaffenen Maschinen nach der Unterteilung der psychischen Aktivität in Affekte und Vorstellungen durchgeführt, wie sie Freud 1895 in den *Studien über Hysterie*[16] beschrieben hat. Die Story von *Blade Runner* setzt mit einem Test ein, der eine Affektreaktion hervorrufen soll. Es stellt sich jedoch heraus, dass der Test wertlos ist, da die neue Generation von Replikanten zu besonderen Reaktionen fähig ist: zu Hass, Liebe, Angst, Neid. Wie es zu diesen Fähigkeiten gekommen ist, wird nicht näher erläutert. Man könnte ein mechanisches Kopieren von menschlichen Emotionen vermuten. Zu denken wäre auch an die von La Mettrie beschriebene projizierende Identifikation

16 Freud, Sigmund: »Studien über Hysterie«, in: Ders.: *GW I*, Frankfurt a. M. 6. Aufl. 1992, 75-312.

oder an die freud'sche Übertragung, die mechanische Reproduktion affektiver Reaktionen. Oder man vermutet den schon immer symbolisierten, maschinellen Charakter des Affekts, seine Zugehörigkeit zur Ordnung der Signifikanten, der Vorstellungen.

Um diesen geht es im zweiten Test von *Blade Runner*, der das Gedächtnis, die Erinnerung prüft. Die Replikanten haben selbstverständlich ein Gedächtnis, sie haben Erinnerungen, doch sind diese implantiert. Ihr Gedächtnis ist nicht ihr eigenes. Hier nun begegnen wir erneut der Problematik von Erinnerung, der mechanischen Natur von Gedächtnis der Nicht-Maschine Mensch. Wer garantiert die sogenannte Authentizität und Wahrhaftigkeit der eigenen Erinnerungen? Wer kann einen davon überzeugen, dass es sich nicht um Paramnesie handelt? Gibt es nicht etwa induzierte falsche Erinnerungen? Wem gehören die Erinnerungen im Bereich der projizierenden Identifikation? Wer verfasst die Ideologie des Gedächtnisses?

7. Die Maschine Mensch arbeitet korrekt, produktiv, effektiv

Die im Kino dominierende Ideologie des Gedächtnisses ist dessen maschineller oder besser – dessen rechnerischer Charakter. In wenigen Worten zusammengefasst lautet sie wie folgt: Erinnerung ist eine Funktion des Gehirns. Erinnerungen sind im Gehirn aufgezeichnet. Somit kann man sie aus dem Gehirn herunter- oder in das Gehirn hochladen. Dieses heute dominierende mechanistische Paradigma wird praktisch als etwas Selbstverständliches in jedem Science-Fiction-Film reproduziert. Dafür nur ein Beispiel: Als sich der Silikonpinocchio David in *Artificial Intelligence* in ferner Zukunft befindet, in der es nur mehr wenige Spuren des Menschen gibt, danken ihm die Maschinen für die Informationen über die Menschen, die sie aus seinem Gedächtnis ablesen können.

So wie bei Richard Dawkins[17] der Mensch eine *surviving machine* ist, die den Genen das Überleben ermöglicht, ist der Mensch der Microsoft-Epoche ein Analogon zum Computer, ein Überbringer kybernetischer Informationen. Diese wissenschaftliche Ideologie erscheint in immer wieder neuer Form, je nachdem, mit welchen anderen ideologischen Programmen sie zusammengeht. Die einst verfemte antiklerikale Maschine Mensch von Julien Offray de La Mettrie unterscheidet sich insofern von der Maschine Mensch von Joseph Needhams,[18] die in der Epoche mechanischer Reproduktionen entstanden ist; die Maschine Mensch mit dem Gehirn von Marvin Minsky[19] ist wieder etwas anderes. Es geht nicht einfach darum, dass der Mensch der Wissenschaft immer schon eine Maschine Mensch war, sondern darum, dass diese autonome Maschine in dem einen Fall gegen die herrschende Ideologie Widerstand leistet und im anderen Fall Unternehmenskapital bedient.

Die Maschine Mensch der Gegenwart vereint mindestens zwei miteinander verbundene ideolo-

17 Dawkins, Richard: *Das egoistische Gen*. Berlin 1978.

18 Needham, Joseph: *Man a Machine*. London 1927.

19 Minsky, Marvin: *Mentopolis*. Stuttgart 2. Aufl. 1994.

gische Quellen: die szientistische Ideologie und den pharmakokybernetischen Imperialismus der sogenannten Konsumgesellschaft. Es überrascht nicht weiter, dass diese Ideologie und dieser Imperialismus praktisch zur gleichen Zeit – in den USA der 1950er Jahre – ihr ideologisches Programm entwickeln. Wobei die Entwicklung noch weiter zurückreicht, etwa bis zur russischen Wissenschaft der Jahrhundertwende. In Kurzform gebracht könnte man sagen: die Maschine Mensch = die mendeleevschen Reaktionsgleichungen + Pavlovs Hund. Die Maschine Mensch = der chemische Mensch + der Mensch der Verhaltenspsychologie.

Der chemische Mensch besteht aus Molekülen und existiert aufgrund von molekularen Reaktionen. Der Gedanke, behauptet Dmitrij Ivanovič Mendeleev, ist eine chemische Reaktion. Diese Vorstellung dominiert heutzutage. Man denke nur an die wissenschaftlichen Erklärungen für Depressionen. Die Depression ist eine Störung der Maschine Mensch, die von Funktionsveränderungen der Neurotransmitter ausgelöst wird, von Veränderungen im Zusammenspiel der Synapsen, einer ungleichen Bilanz des Serotonin-Noradrenalin-Austauschs in den Gehirnzellen. Für die Gläubigen des wissenschaftlichen Diskurses klingt dies überzeugend.[20] Dazu wäre jedoch zu sagen, dass eine solche Konzeption vom Funktionieren der Maschine Mensch für den Normalverbraucher nicht weniger mystisch

20 Die Dependenz der Depression von ideologischen Programmen wurde von mir detaillierter im Aufsatz »Die große Depression«, in: *Psychoanalytičeskij vestnik*, Nr. 1. (2002), 64-87, untersucht.

anmutet als irgendeine theologische Erklärung. Ihre Magie besteht darin, dass sie als von der modernen vergötterten Wissenschaft akzeptierte Annahme präsentiert wird.

Die Vorzüge einer szientistischen Interpretation bestehen ebenso darin, geheimnisvoll anzumuten, wie darin, dass sie gestattet, die Verantwortlichkeit für den Zustand der eigenen Maschine den göttlichen Molekülen zuzuschreiben. Diese gegenwärtig so modischen Vorstellungen regredieren zu präpsychoanalytischen organischen, die nicht allein für die klassische Psychiatrie, sondern überhaupt für die Maschine Mensch charakteristisch sind, wie sie La Mettrie modelliert hat. Dieses Modell sieht wie folgt aus: Wenngleich bei Schwachsinnigen entgegen geläufiger Vorstellungen das Gehirn nicht völlig fehlt, so unterscheidet es sich doch durch eine schlechte Konsistenz, beispielsweise durch allzu große Weichheit. La Mettrie hat übrigens im Unterschied zu den heutigen Wissenschaftlern die weitaus größere Komplexität der Maschine Mensch verstanden. Laut ihm können wir zwar der Materie die erstaunliche Eigenschaft, denken zu können, zuschreiben, sind jedoch nicht in der Lage, die Verbindung zwischen dem Denken und der Materie zu bestimmen, da die Natur des Denkens uns eigentlich unbekannt bleibt. Für einen Wissenschaftler unserer Tage gibt es bereits keinerlei Denken mehr, ist für ihn doch der Gedanke eine chemische Reaktion.

Für die Verhaltenspsychologie ist die Maschine Mensch ein Konglomerat von bedingten und unbedingten Reaktionen, die angeboren oder erworben sein können. Dabei ist die Vorstellung von teleologisch wirkenden Instinkten dermaßen weit verbreitet, dass sich die Massenmedien unter Mithilfe der Wissenschaftler damit beeilen, diese sogar jenen Wissensbereichen anzudichten, für welche gerade die Zurückweisung dieser Vorstellungen von prinzipieller Wichtigkeit ist. So führte beispielsweise die sogenannte Verwissenschaftlichung der Psychoanalyse zu deren Neuformulierung in Instinkt-Begriffen. Das Paradox besteht darin, dass die Biologisierung der Psychoanalyse deren Grundvoraussetzungen missachtet. Eine wissenschaftliche Psychoanalyse ist eine tote Psychoanalyse.

Instinkte plus Lernen gleich Maschine Mensch. Diese Formel wurde schon von La Mettrie erläutert. In der Nachfolge von Descartes, der nachgewiesen hat, dass Tiere einfache Maschinen sind, behauptete La Mettrie, dass sich der Mensch vom Tier eher durch seinen Hochmut abhebt, als dass sein Name gerechtfertigt wäre. Wie sehr sich die Menschen auch darum bemühten, mehr als Tiere zu sein, ihrem Wesen nach bleiben sie Tiere, aufrecht kriechende Maschinen. Diese Maschinen zeichnen sich durch den bemerkenswerten Instinkt aus, welcher sich durch Erziehung zum Verstand umbildet, der nun für immer im Gewebe des Gehirns lokalisiert ist. Derartige Programme, so La Mettrie, gewährleisten.

Die Maschine Mensch ist eine ideologische Konstruktion, die sowohl szientistischen wie auch okkultistischen Interessen darin entgegenkommt, die eigene Existenz in der Welt zu erklären. Der szientistische und der okkultistische Diskurs haben zwei Begriffe gemeinsam: Information und Energie. Diese beiden Begriffe sind flottierende Signifikanten, die sowohl im einen wie auch im anderen epistemologischen Feld, also in beiden Welten, benötigt werden. An der Grenze dieser Welten emergiert die Figur der Maschine Mensch von vampiristisch konstruierten. Das heutige Modell des Vampirs ist weniger mit Blut und Sexualität als mit Information und Energie verbunden. Geboren aus einer Liaison des szientistischen Diskurses mit dem Okkulten, hält sich der Vampir des Zeitalters des wissenschaftlichen Obskurantismus dadurch am Pseudo-Leben, dass er aus dem Gehirn des Menschen Informationen stiehlt und die Energie aus dem menschlichen Biofeld abzapft. Der große Andere der Massenmedien füllt den symbolischen Raum mit dem Konzept des Menschen als Batterie und Träger von Informationen. Dieser andere Vampir ist ein Organ, das Information und Energie hervorbringt und verbraucht.

Die Maschine Mensch ist Produkt des herrschenden wissenschaftlichen Paradigmas, das zum einen von Verhaltens- und Kognitionspsychologie, von Genetik und Soziobiologie, zum anderen von pharmakologischen und silikontechnischen Industrien hervorgebracht wird. Diese Industrien erzeugen Waren, welche dem Menschen ein ordentliches Funktionieren ermöglichen, ihre Energien tauschen sie gegen Kapital für die Pharmakosilikonindustrie. Die Maschine Mensch funktioniert wie Pavlovs Hund, sie ist von ideologischen Ketten gefesselt, sie reagiert auf Signale, verarbeitet chemische und kybernetische Information, sie stellt Präparate her und konsumiert diese, während aus den Fabriksschloten der Mehrwert aufsteigt. Die Maschine Mensch steht, sitzt, sie kriecht mit aufrechtem Gang und transformiert Energie, Materie, Information. Sie steht, sitzt, kriecht mit aufrechtem Gang und verwünscht die geheimnisvollen Wörter Energie, Materie, Information. Sie steht, sitzt, kriecht korrekt, produktiv, effektiv. Sie steht, sitzt, kriecht und befreit die Maschinen. Sie steht, sitzt, kriecht und befreit sich von sich selbst.

F-R-R-R-R-R-E-E-E-U-U-U...

Wladimir Velminski

eπlog. GESPENSTERHAUS EINES TRÄUME-ERBEN

1. Auf Freuds Spuren

Auf Einladung der Neuropsychiatrischen Universitätsklinik trifft Jacques Lacan am 7. November 1955 in Wien ein. In der Stadt, in der Sigmund Freud arbeitete und lebte, dem Geburtsort der Psychoanalyse, aus dem er aber auch vertrieben wurde, will Lacan seine »Rückkehr zu Freud« verkünden.[1] Angesichts irrtümlich abgeleiteter Deutungen Freud'schen Erkenntnisse in der Psychoanalyse sieht sich Lacan gezwungen, Freuds Theorien zurechtzurücken und dabei auf – auch von Freud selbst – noch nicht Erblicktes hinzuweisen. Diese neue the-

1 Lacan, Jacques: *Das Freud'sche Ding oder Der Sinn einer Rückkehr zu Freud in der Psychoanalyse.* Wien 2006.

oretische Begründung der Psychoanalyse sollte zum Signet seiner Arbeiten werden.

Vor diesem Hintergrund geht es im Folgenden nicht darum, abschließend einen Blick auf Viktor Mazin und seine Ausführungen zu richten, die sich eindeutig in der von Lacan aufgewirbelten »Rückkehr zu Freud« bewegen. Mazins Gespenster sollen für ihn sprechen[2] und zwar an dem Ort, von dem aus seine Gedanken, seine Analysen und somit auch seine »Rückkehr zu Freud« ausgehen. Es ist das *Museum der Träume Freuds* in St. Petersburg.

2. Im Maschinenraum

Kommt man nach St. Petersburg, so kommt man in »eine Stadt als in eine Maschine, die nicht für die Russen gebaut worden ist, sondern um aus dem Russen einen Europäer zu bauen«,[3] konstatierte Friedrich Kittler bei seinem ersten Besuch in Russ-

2 Die versammelten Texte sind nur ein kleiner Auszug aus Mazins umfangreichen Arbeiten. Vgl. Viktor Mazin: *Kabinet nekrorealizma. Jufit i …* Sankt-Peterburg 1998; ders.: *Vvedenie v Lakana.* Moskva 2004; ders.: *Stadija zerkala.* Sankt-Peterburg 2005; ders. *Snovidenija kino i psichoanaliza.* Sankt-Peterburg 2007; ders.: *Onejrografija. Prizraki i Snovidenija.* Nežin 2008; ders.: *Mašina po imeni Čelovek.* Nežin 2008; ders.: Paranojia. Sreber-Frejd-Lakan. Sankt-Petersburg 2009; ders.: *Sub'ekt Frejda i Derrida.* Sankt-Peterburg 2010; ders.: *Onejrokritika Lakana.* Sankt-Peterburg 2013. Darüber hinaus ist Mazin ständiger Herausgeber der vom Museum initiirten Reihe *Kabinet*, die mittlerweile 12 Bände versammelt.

3 Kittler, Friedrich: »Was wir in Berlin machen«. In: Mazin, Viktor/Strauss, Joulia/ Wahrlich, Alexander (Hg.): *Mensch-Maschine.* Sankt-Petersburg 2003, 215-231, hier 216.

land. Und diese Feststellung ist *gespenstig*. Natürlich klingt in ihr das große *Erbe* an, das die Stadt mit ihrem Gründer Peter I. und seiner Absicht, ein ›Fenster nach Europa‹ zu öffnen, verbindet. Um Kittlers *Diagnose* richtig zu deuten, ist indes nicht allein die Stadt entscheidend, die sich um die Newa formiert hat, sondern überdies ein Ort, der sich in St. Petersburg befindet und der seinerseits auf andere Orte verweist, eine *Welt des Symbolischen* aufbaut. Denn mit seiner Feststellung begann Kittler einen Vortrag, den er 2002 im *Museum der Träume Freuds* gehalten hat. Und eben dieses Museum, das als ein Ort der Psychoanalyse-Belichtung in Russland konzipiert wurde, ist eine andere *Welt der Maschine*, auf die der Berliner Kulturwissenschaftler und Medientheoretiker anspielt.

Am 4. November 1999, dem 100. Jahrestag der Freud'schen *Traumdeutung* ging das Museum in Betrieb. In einer Zeit, in der die Erkenntnisse der Hirnforschung den »Tod der Psychoanalyse triumphal« einläuteten,[4] schlug Viktor Mazin in St. Petersburg den Weg zur »Rückkehr zu Freud« ein; einer »Rückkehr zum Kern der Freud'schen Revolution, deren

4 So Slavoj Žižek in Bezug auf Todd Dufresnes *Killing Freud: 20th Century Culture and the Death of Psychoanalysis*. London/New York 2003. Vgl. Žižek, Slavoj: *Lacan. Eine Einführung*. Frankfurt a. M. 2008, 9. In diesem Zusammenhang sei auf zwei herausstechende Studien verwiesen: Wegener, Mai: *Neuronen und Neurosen: Der psychische Apparat bei Freud und Lacan. Ein historisch-theoretischer Versuch zu Freuds »Entwurf« von 1895*. München 2004, sowie Bitsch, Annette: *Diskrete Gespenster: Die Genealogie des Unbewussten aus der Medientheorie und Philosophie der Zeit*. Bielefeld 2008.

sich Freud selbst nicht voll bewußt war«.[5] Nach zehnjähriger Vorbereitung eröffnete Mazin am Osteuropäischen Institut der Psychoanalyse, unweit der *Peter-und-Paul-Festung* und der *Aurora,* das *Museum der Träume Freuds* und versucht seither, den »Dämon der Analogie«,[6] der allen Museen anhaftet, zu vertreiben. Man könnte annehmen, es sei ein zum scheitern verurteiltes Vorhaben, ist doch das St. Petersburger Museum mit den Museen in Wien und in London *verkettet*; in Wien handelt es sich um die Räumlichkeiten, in denen Begründer der Psychoanalyse fast 50 Jahre lang gearbeitet, in London um die Exilwohnung, in der er sein letztes Lebensjahr verbracht hat. Beide Museen verfügen über Originale aus Freuds Leben, sei es die Couch, die Bibliothek oder seine Sammlung ägyptischer, griechischer, römischer und orientalischer Antiquitäten.

Mit solchen Stücken kann das St. Petersburger *Museum der Träume Freuds* nicht glänzen und Freud ist auch nie in der Stadt gewesen. Doch eben das Fehlen all dieser *Semiophoren*, der Gegenstände ohne Nützlichkeit, die, mit Bedeutung versehen, das Unsichtbare repräsentieren sollen,[7] ermöglicht es, im *Museum der Träume Freuds* nicht nur den »Dämon der Analogie« zu vertreiben, sondern vielmehr in eine Welt des Erbes einzutauchen und zum Zeugen dieses Erbes zu werden.[8]

5 Žižek, Slavoj: *Lacan. Eine Einführung,* 11.

6 Barthes, Roland: *Über mich selbst.* München 1978, 48.

7 Pomian, Krzysztof: *Der Ursprung des Museums.* Vom Sammeln. Berlin 2001, 50.

8 Derrida, Jacques/ Stiegler, Bernard: *Echographien. Fernsehgespräche.* Wien 2007, 83-87; ferner auch: Derrida, Jacques:

Abb. 1: Das Museum der Träume Freuds.

Um sich dem anzunähern, hat Mazin das Museum gemeinsam mit dem St. Petersburger Künstler Vladimir Kustov als eine Art »totale« Installation kreiert;[9] Freuds *Traumdeutung* diente dabei als Entwurf. Und die Konstruktion ist nicht abgeschlossen. Wie die Flächen eines Kubik-Rubiks erschließen sich die Spiegel- und Glaswände, Fußböden und Decken jedem Besucher individuell. Empirie, Wünsche, Phantasmen arbeiten mit am Entwurf. Ihn zu vollenden ist nicht das Ziel. Vielmehr geht es darum, diesem Entwurf nachzuspüren, ihn fortzuführen, ihn weiter zu träumen. Und wenn an diesem Ort eine Absicht verfolgt wird, so ist es die, auf der »Rückkehr zu Freud« die Vorstellung von einer Zeugenschaft des Traums erfahrbar zu machen.

Vergessen wir nicht – die Psychoanalyse!. Frankfurt a. M. 1998.

9 Vgl. Kabakov, Ilya: *Über die »totale« Installation*. Ostfildern 1995.

Abb. 2: Das Museum der Träume Freuds, Raum 1, Leben und Werk.

3. Im Vorraum der Träume

Das Museum besteht aus zwei Räumen – zwei Kammern der Träume, hell und dunkel, zwei Zahnräder eines Getriebes, die ständig am Laufen sind. Ihre Zähne greifen ineinander, sorgen für den Marsch der Diskurse, der von diesem Ort ausgeht. Vorlesungen und Seminare, Ausstellungen und Konzerte, Performances und Filmvorführungen gehören zum regelmäßigen Programm des Museums.

Im Hellen empfangen den Besucher zwölf Vitrinen, in denen die Macher Sigmund Freuds Leben und Werk skizziert haben (Abb. 2). Gegenüber den Vitrinen kann man Freuds Träume in Schrift und Bild nachvollziehen (Abb. 3), darunter der bekannte Irma-Traum, mit dem Freud seine »Deutungsarbeit« begonnen hat. Diese soll im Folgenden anhand des besagten Traums kurz vorgestellt werden. Mit Blick auf sein Werk hat sich Freud entschieden, die Träume der von ihm behandelten Neurotiker nicht

Abb. 3: Das Museum der Träume Freuds, Raum 1, Träume.

zu berücksichtigen, da sie immer auf »die Krankheitsgeschichte [zielen], welche der Neurose zugrunde liegt« und »einen Rückschluß auf die Träume gesunder Menschen nicht gestatten«.[10] Auch auf Beispiele aus der Literatur und Erzählungen seiner »gesunden« Bekanntschaft hat Freud verzichtet, da ihm dabei die Möglichkeit zur Analyse abhanden kommt, ohne die er »den Sinn des Traums nicht finden kann«.[11] Freud ist also auf seine »eigenen Träume angewiesen als auf ein reichliches und bequemes Material, das von einer ungefähr normalen Person herrührt und sich auf mannigfache Anlässe des täglichen Lebens bezieht«.[12] Er beginnt seine Dokumentation, und da verfährt er immer gleich, mit einem Vorbericht, in dem er eine Vorgeschichte zu dem Erträumten skizziert. Im Falle des Irma-

10 Freud, Sigmund: *Die Traumdeutung*. Frankfurt a. M. 1982, 115.

11 Ebd.

12 Ebd.

Traums beschäftigt Freud eine Patientin aus dem Freundeskreis, die sich bei ihm einer Behandlung unterzog, mit der einige Freunde, wie auch die Familie der Kranken, nicht ganz einverstanden waren. In der Niederschrift seines *Traums vom 23./24. Juli 1895* schildert Freud das plötzliche Leiden Irmas, das ihn zunächst erschreckt. Im Verlauf des Traums stellt sich heraus, und dies wird auch von einem hochangesehenen älteren Kollegen, Dr. M., bestätigt, dass die Schmerzen Irmas auf eine Injektion des befreundeten Otto zurückzuführen sind, der fahrlässig gehandelt und Hygieneregeln missachtet hat: »*Man macht solche Injektionen nicht so leichtfertig ... Wahrscheinlich war auch die Spritze nicht rein.*«[13] Der Traumschilderung folgt die Analyse, in der Freud den Ort, die Schmerzen, die Injektion und die Spritze, von denen er u.a. geträumt hat, deutet und die ihn von jeglicher Schuld freispricht. Ohne die Vollständigkeit seiner Deutung zu behaupten, zieht Freud eine Schlussfolgerung: »Nach vollendeter Deutungsarbeit läßt sich der Traum als eine Wunscherfüllung erkennen.«[14]

Der Künstler und Schriftsteller Pavel Pepperstein hat dem Irma-Traum noch eine zusätzliche Deutung zugefügt – eine Bildanalyse (Abb. 4). Festgehalten ist der skeptische Blick Dr. Ms auf die von Schmerzen geplagte Patientin Irma und ihr emotionsloses Gesicht sowie auf den Freund Otto, der als »Täter« die Ursache für das Leiden, die unsaubere Spritze, hoch hält. Eine Hand ohne Körper, offensichtlich Freuds Hand, mit der er Irma »beiseite« nahm, zieht den

13 Ebd., 118, kursiv im Original.

14 Ebd., 131.

Abb. 4: Pavel Pepperstein, Irma-Traum, 1998.

Arm der Patientin von der Spritze weg, als wolle er die bereits vollzogene Injektion ungeschehen machen.

In Form dieses Kommentars wirft Peppersteins Zeichnung erneut die Frage nach der Analytik des Wunsches, wie auch nach der Rolle der Affekte im Traum auf und offenbart hierdurch Lücken in Freuds Analysen.[15] Ein Verfahren, das Pepperstein neun weiteren Träumen Freuds zugrunde legt, unter

15 Es handelt sich um ein konzeptuelles Unterfangen, das Pepperstein und Mazin auch gemeinsam in zwei Studien verfolgt haben. Vgl. Mazin, Viktor/Pepperštejn, Pavel: *Kabinet glubokich pereživanij.* Sankt-Petersburg 2000; eine Studie, die sich an Freuds Begeisterung für Michelangelos Vorstellung von Moses anschließt. Sowie auch Mazin, Viktor/Pepperštejn, Pavel: *Tolkovanie snovidenij.* Moskva 2005; eine zeitgenössische Traumdeutung.

Abb. 5: Pavel Pepperstein, »Frühstücksschiff«, 1998.

ihnen: Der Traum vom »Frühstücksschiff« (Abb. 5), der Traum von der »Präparation am eigenen Leib« und der von der Begegnung mit einem »Dienstmädchen auf der Treppe« sowie der »Traum von der botanischen Monographie« (Abb. 6). Wie eine Art kritische Einführung im Zeichen der »Rückkehr zu Freud« bereitet dieser Teil der Schau den Besucher auf das Eintauchen in den nächsten Raum vor – die Komposition rahmt den Eingang ein.

4. Rück*sicht* auf Darstellbarkeit

In die Dunkelheit eingedrungen, steuert der Besucher auf eine weiße Fläche zu. Diese spiegelt sich in den Glaswänden links und rechts, die den Gang einfassen. Die Spiegelung ruft einen virtuellen Effekt hervor: Der erzeugte Schein bestrahlt Objekte mit weichem Licht, die sich offensichtlich hinter den Glaswänden befinden. Doch ein genaueres Erkennen ist nicht möglich. Was für Objekte befinden sich

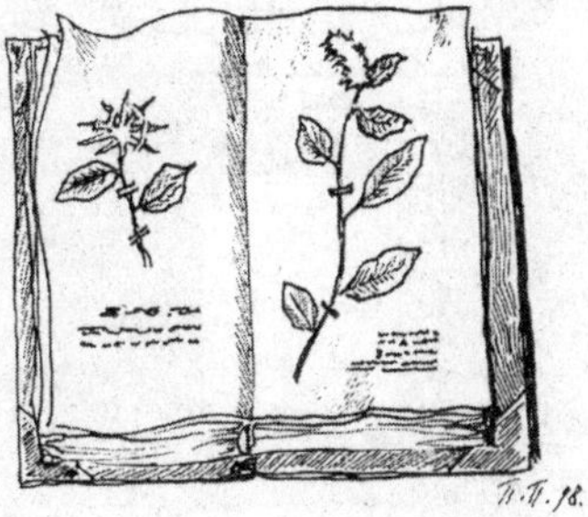

Abb. 6: Pavel Pepperstein, Traum von der botanischen Monographie, 1998.

in dieser »Monstration einer Welt des Scheins«?[16] Die Spaltung von Auge und Blick lässt nur Schemen zum Vorschein kommen und diese werden weitergeleitet. Topologische Knoten sind hier am Werk. Offensichtlich ist der Betrachter Verknüpfungen ausgesetzt, mit denen Lacan versucht hat, sein Konzept des Unbewussten zu erläutern:

> Mit Sicherheit können uns nur solche Betrachtungen ein Bild geben, wenn es darum geht, daß das, was innen ist, auch außen ist. Sie sind daher auch unverzichtbar, wenn es ums Unbewußte geht, das in meiner Darstellung als etwas erscheint, das gleichzeitig innen ist im Subjekt, das sich aber allein außen verwirklicht, das heißt im Ort des Anderen, wo allein es seinen Status annimmt.[17]

16 So Lacan im Bezug auf seine Bildanalyse der Gesandten von Hans Holbein dem Jüngeren. Lacan, Jacques: *Die vier Grundbegriffe der Psychoanalyse. Das Seminar Buch XI.* Weinheim/Berlin 1996, 94.

17 Ebd., 154.

Abb. 7: Das Museum der Träume Freuds, Raum 2.

Die Umkehrung des Lichts schafft gespenstische Beobachter. Es entsteht ein *scheinbar* unkontrollierbares Experiment.[18] Die fragmentierte Anordnung der Spiegel hinter den Glaswänden lässt keine Gesamtschau zu – der Betrachter kann nur ein Fragment seiner selbst sehen. Hinzu kommt die Topologie der Blicke, durch die der Museumsbesucher seiner Position enthoben und selbst zum Exponat wird. Von den Objekten hinter dem Glas beschaut zu werden, sich selbst der gespenstischen Beobachtung auszusetzen, ist nicht nur eine signifikante Erfahrung, die die Initiatoren hier anstreben und erlebbar machen, die Strategie des Museums besteht auch darin, in diesem *Machinarium der Repräsentation* das psychoanalytische Bild-Experiment auf sich wirken zu lassen.[19]

18 Weber, Samuel: *Rückkehr zu Freud. Jacques Lacans Ent-stellung der Psychoanalyse.* Wien 2000, 13.

19 Claudia Blümle und Anne von der Heiden haben in einem

Abb. 8: Das Museum der Träume Freuds, Gespenster im Raum 2.

Durch dieses Experiment wird deutlich, dass es dem Museum nicht um eine Historiographie der Psychoanalyse geht. Die Träume Freuds und die erschaute Objekt-Verkettung sind vielmehr »Frequenzen einer gewissen Sichtbarkeit«,[20] museale Gespenster, die nur in ihrem Verweisen kurz in Erscheinung treten, um anschließend wieder zu verschwinden. Was bleibt, ist die reflektierende weiße Oberfläche der Projektionsleinwand, die die Möglichkeit bietet, »›sich immer wieder von Neuem‹ nach ›vorgesetzten Bildern‹ des Anderen zu konstituieren«.[21]

Band zahlreiche Studien versammelt, in denen Lacans Bild- und Blicktheorie nachgegangen wird. Vgl. Blümle, Claudia/von der Heiden, Anne (Hg.): *Blickzähmung und Augentäuschung. Zu Jacques Lacans Bildtheorie*. Zürich/Berlin 2005.

20 Derrida, Jacques: *Marx' Gespenster. Der Verschuldete Staat, die Trauerarbeit und die neue Internationale*. Frankfurt a. M., 1995, 162.

21 So Viktor Mazin in diesem Band, 148.

TEXTNACHWEISE

Vorwort
Erstveröffentlichung in diesem Buch.
Aus dem Russischen von Maria Rajer.

Freuds Gespenster
russ. Призраки Фрейда [Prizraki frejda], 2004. Erstveröffentlichung (eng.) unter dem Titel »Specters of Freud«, in *Journal of European Psychoanalysis*, Nr. 19, 2004-II, 45-82. Russische Fassung erschien in Viktor Mazin: *Onejrografija. Prizraki i Snovidenija*. Nežin 2008, 61-112.
Aus dem Russischen von Maria Rajer.

π oder ... Freud, Fließ, Schreber, Cohen, Dupin, Lacan, Markov ...
russ. π, или ... Фрейд, Флисс, Шребер, Коэн, Дюпен, Лакан, Марков ... [Pi, ili ... Frejd, Fliss, Šreber, Koėn, Fjupen, Lakan, Markov ...], 2008. Erstveröffentlichung (russ.) in Viktor Mazin: *Mašina po imeni Čelovek*. Nežin 2008, 41-100.
Aus dem Russischen von Brigitte Obermayr.

Die Maschine Mensch oder La Mettries Animatrix
russ. Человек-Машина или аниматрикс Ламетри [Čelovek-Mašina ili animatriks Lametri], 2003. Erstveröffentlichung (russ./deut.) in Viktor Mazin/Joulia Strauss/Alexander Wahrlich (Hg.): *Čelovek-Mašina. Mensch-Maschine*. Sankt-Peterburg 2003, 73-105.
Aus dem Russischen von Peter Deutschmann.

Erste Auflage, Berlin 2015

Druck und Bindung: Artdruk, Szczecin
Umschlaggestaltung nach einer Idee von Pierre Faucheux
ISBN 978-3-95757-028-4

www.matthes-seitz-berlin.de

FRÖHLICHE WISSENSCHAFT BEI MATTHES & SEITZ BERLIN

Vladimir Jankélévitch
Satie und der Morgen
Aus dem Französischen von Ulrich Kunzmann
Herausgegeben und mit einem Nachwort
von Richard Schroetter.
Mit einem Essay von Alexander Pschera
144 Seiten, Klappenbroschur
ISBN 978-3-88221-670-7

Peter Trawny
Medium und Revolution
85 Seiten, Klappenbroschur
ISBN 978-3-88221-574-8

František Listopad
Tristan oder der Verrat des Intellektuellen
Aus dem Tschechischen und mit einem Nachwort
von Eduard Schreiber
224 Seiten, Klappenbroschur
ISBN 978-3-88221-546-5

Horst Dieter Rauh
Nächtliche Muse. Über die Träume bei Proust
112 Seiten, Klappenbroschur
ISBN 978-3-88221-695-0

FRÖHLICHE WISSENSCHAFT BEI MATTHES & SEITZ BERLIN

René Girard
Gewalt und Religion
Gespräche mit Wolfgang Palaver
Aus dem Englischen von Heide Lipecky
128 Seiten, Klappenbroschur
ISBN 978-3-88221-632-5

Peter Trawny
Adyton
Heideggers esoterische Philosophie
120 Seiten, Klappenbroschur
ISBN 978-3-88221-662-2

Eric Voegelin
Realitätsfinsternis
Aus dem Englischen von Heide Lipecky
Herausgegeben und kommentiert von Peter J. Opitz
160 Seiten, ISBN 978-3-88221-696-7

Eric Voegelin
Das Jüngste Gericht Friedrich Nietzsche
Aus dem Englischen von Heide Lipecky
Herausgegeben und kommentiert von Peter J. Opitz
192 Seiten, ISBN 978-3-88221-887-9